心奪われる絶景温泉で、極楽気分!

北海道

しかりべつ湖コタン 氷上露天風呂

見てください、この白銀の世界に包まれた温泉!
開放感がハンパなく、今は新しい浴槽に
[illegible]レベルアップ! ≫ p.185

秋田

男鹿《おが》ホテル

湯に浸かりながら眺める、夜のソメイヨシノ。
満開のタイミングに出会えれば、
一生の思い出になること間違いなし! ≫ p.183

大自然に抱かれるような感動ひとり旅

兵庫

赤穂温泉 絶景露天風呂の宿 銀波荘

海と浴槽が一体化したような「インフィニティ温泉」。瀬戸内海の美しい水平線が一望できて……至福。

≫ p.80

熊本

小国のオーベルジュ わいた館

この絶景天然温泉、
なんと貸切。
自然美をひとりじめして
心身がリラックス……。

≫ p.99

北海道

銀婚湯 「トチニの湯」

木々に囲まれた、
遊び心満点の隠し湯。
森の香りが心地よく、
近くを流れる川のせせらぎも癒し。

≫ p.99

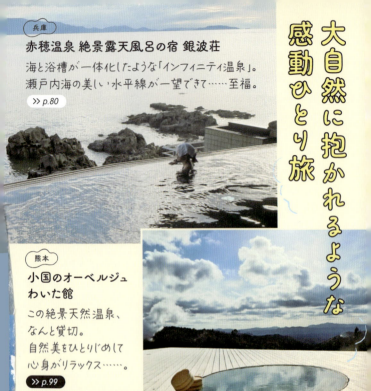

新しい味覚に出会う醍醐味も！

「ぬくもりのいろり宿 民宿 いなりや」名物の天ぷら

これで1人前!? ボリュームがすごすぎる!!

≫ p.51

「岡本屋売店」地獄蒸したまごサンドイッチ ≫ p.109

ふわっふわのパンに、
地獄蒸ししたたまごがぎっしり！

≫ p.112

「シュバルツバルト」のスイーツ

季節のフルーツが、味もセンスもバツグン！

「鶴の湯温泉」山の芋鍋

秘湯で味わう ≫ p.46

名物伝統料理にほっこり。

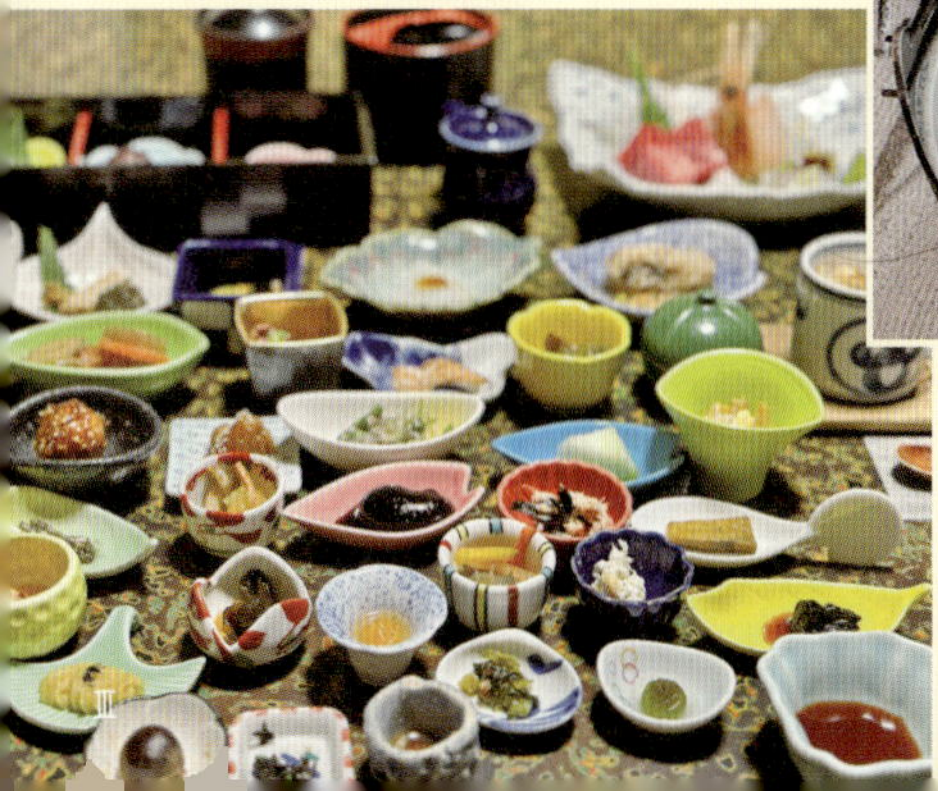

「青葉旅館」の小鉢料理 ≫ p.204

20～40品の小鉢が
卓を彩り、
箸が止まらない！

色の違いでも温泉を楽しめる！

大分

山荘 神和《かんなわ》苑《えん》

自然の神秘が生み出した、
奇跡のコバルトブルー色温泉。
見た目だけではなく、
天然保湿成分「メタケイ酸」が豊富で
美肌も叶えてくれる。 >> p.188

同じ温泉地なのに、色がまったく違うミステリー!?

>> p.94

宮城

西多賀旅館

個性的で美しいエメラルドグリーンの湯。
ひとり旅ならではの入浴レア体験！
たまらない！

宮城

東多賀の湯

乳白色のにごり湯で、
浴槽の底が
見えないほど！
弱酸性のやわらかな
浴感が心地いい～。

知的生きかた文庫

おとな「ひとり温泉旅」のススメ

植竹深雪

三笠書房

ひとり温泉旅チェックリスト

- □ ひとりの時間が好きである
- □ 他人にあまり期待していない
- □ 好奇心が旺盛なほうである
- □ 自分と向き合う時間が必要だと感じている
- □ 自然豊かな環境に憧れている
- □ 趣味がほしいと感じている
- □ つい他人に気を遣いすぎてしまう
- □ 忙しい日常を送っている
- □ 自分磨きに興味がある
- □ 地域文化や歴史的建造物に興味がある
- □ その土地ならではの食事を楽しみたい
- □ 温泉に浸かるのが好きである

前ページのチェックリストに、あなたはいくつ該当しましたか？
該当数が多ければ多いほど、ひとり温泉旅に向いています！
自分のペースで温泉に浸かり、旅先の名物を気ままに堪能できる……
この本を参考に、自分の機嫌は自分でとる「ご自愛旅行」に
出かけてみませんか？

はじめに

「ひとりで温泉旅へ出かけたい」

誰しもが、ふと思ったことがあるでしょう。

日常の喧騒《けんそう》から離れ、自分だけの時間を持ちたいという欲求は、忙《せわ》しない現代を生きる私たちだからこそ、強く感じるものなのかもしれません。

ただ、「ひとり温泉旅」への挑戦は、かなりの勇気がいることだと思います。失敗してしまうかもしれない不安と温泉に浸かって癒されたい気持ちが入り交じり、躊躇《ちゅうちょ》してしまう……。ひとりであることにハードルの高さを感じ、なかなか行動に移せない方もたくさんいることかと思います。

本書は、そのような思いを抱えている方のために書きました。ひとり温泉旅をもっと気軽に、もっと楽しめるように、私の経験や知識をお伝えしていこうと思います。

「温泉旅に出かけたいけれど、旅は自分のペースで過ごしたい」と感じている方に、ひとり温泉旅の魅力を存分にお届けし、その背中を押したいという気持ちでまとめた一冊です。

全国3600もの湯に浸かってきた

自己紹介が遅れて申し訳ありません。

私は、温泉ジャーナリストの植竹深雪《うえたけみゆき》と申します。大学卒業後「TBSラジオ」のキャスター、「岩手めんこいテレビ」のアナウンサー兼記者として勤務ののち、現在はフリーのアナウンサーとして活動しています。

さらに私は、全国3600もの温泉に浸かり、1500泊以上ほぼ自費で温泉めぐりをするほど無類の温泉好き。温泉に関する資格も多数取得しました。そして、「温泉ジャーナリスト」として大好きな温泉地に何度も足を運び、温泉施設、旅館経営者や女将《おかみ》さんへの綿密な取材のうえ、各メディアに発信する仕事もしています。テレビやラジオの情報番組、報道番組のコメンテーターや雑誌連載などにおいて、実際に温泉地へ足を運んでまとめた利用者目線の解説は、各業界から厚い信頼を寄せていただいております。

コロナ禍以降は特に、どこの温泉地へ行くにも、私は基本的にひとりで出かけることが増えました。誰かと行く温泉旅もいいものですが、やはり誰にも気を遣わずに温泉と向き合いたいのです。

自分と優しく向き合う旅へ

最近は、コロナ禍でひとり旅の人気に火がついたことから、OTA（オンライン・トラベル・エージェント）でも、「ひとり旅応援プラン」なるものが増え、だいぶひとり旅がしやすい世の中になってきているように思います。

ひとりで温泉旅に出かけることは、決して孤独を求めるものではなく、むしろ「自分自身と向き合う」ため、また「明日から頑張ろうと自分を盛り上げていく」ためのものなのかもしれません。

加えて、せっかくの温泉旅だからこそ、限られた時間の中で泉質にもこだわり、身体が喜ぶような温泉に出会いたいもの。そこで、第4章では「よくわからないけど、温泉って身体にいいらしいね」と多くの方がぼんやり捉えていた「温泉の効能」という部分について、温泉医学の専門家である前田眞治《まさはる》先生にご監修いただきました。

ひとり温泉旅だからこそ味わえる「自由」と「心地よさ」。

それを本書で感じながら、「次の休日に自分も行ってみよう」と思っていただけたら、著者としてこれ以上の喜びはありません。

植竹深雪

もくじ

第1章

なぜ、今こそ「ひとり温泉」なのか
——忙しない日常から自由になる旅

第2章

「ひとり温泉」に行きたいな、と思ったら

——人生が変わる旅へ出かけよう

第3章

さあ、温泉宿で何をする？

——食う寝る浸かる……「ひとり」ならではの過ごし方

第4章

心身が整うリフレッシュ旅へ
——「ひとり温泉」のとんでもない健康効果

第5章

忘れられない「ひとり温泉旅」感動体験
——何度でも行きたくなる場所へ

本文DTP／株式会社Ｓｕｎ　Ｆｕｅｒｚａ
本文イラスト／須山奈津希

※本書の内容は２０２４年11月現在の情報に基づいています。

第1章

なぜ、今こそ「ひとり温泉」なのか

——忙しない日常から自由になる旅

私が「ひとり」を選ぶ理由

ひとり温泉旅。

なんといっても「自由」なのが魅力的です。

もちろん初めは、ひとりで温泉宿に泊まることへの不安もかなりありました。

でも、勇気を出して実際に行動してみると、杞憂《きゆう》に終わったのです。好きなだけ温泉に入り、その土地の郷土料理に舌鼓《したつづみ》をうち、地酒をいただき、ほろ酔いになって……。部屋でゴロゴロして、また温泉に入ったら眠くなって就寝……。翌朝、目覚めの温泉に入り、朝食をいただき、湯宿近くを散策したり二度寝したりしてチェックアウト。

人目を気にせず、自分のペースで、思うがまま湯旅時間を過ごすことが許されるのは、最高に贅沢《ぜいたく》だなと思います。

もっと、旅を心から楽しみたい

誰かと旅行するのも、もちろん楽しいものですが、私はどうしても相手の顔色をうかがってしまうクセがありました。結局、相手の希望に沿ったスケジュールを組んで、心の底からは楽しめていなかった……。そんな経験は少なくありませんでした。

私自身、群れて大勢の人とワイワイ過ごすことが実はあまり得意ではありません。必要以上にものすごく空気を読みすぎてしまい、自宅に戻りひとりになると、どっと疲れが押し寄せてくるタイプの人間です。

意外と、同じような思いを抱えている人って多いのではないでしょうか。

そんな人にこそ、「ひとり温泉旅」をオススメしたいのです。

自分の思うがままに過ごす時間は、忙しなく生きる私たち現代人にとって、実に尊いものだと思います。

少しでも一段落できる時間を作ることができるのなら、ぜひ「ひとり温泉旅」の心地よさを体験していただきたいのです。

忙しい現代人のための「新・湯治」

近年「現代湯治《とうじ》」、または「プチ湯治」というワードが温泉のトレンドとして注目されていますが、そもそも「湯治」という言葉の意味をご存じでしょうか?

以前、私はふと「どれくらいの人が『湯治』を知っているのだろうか?」と思い、SNSでアンケートを取ったところ、6割の方が「知らない」と回答しました。私のフォロワーは温泉愛好家や、温泉の仕事をされている関係者が多いので、ほとんどの方が知っているだろうと思っていたのですが、想像以上に「湯治」という言葉が認知されていませんでした。

ずばり「湯治」とは、日本に昔から伝わる医学的にも認められた治療法のことで、温泉施設に長時間(少なくとも一週間以上、理想は三週間程度)滞留《たいりゅう》し、温泉の泉質が持つそれぞれの適応症により体調を整えたり、痛みやアトピー、うつなど特定の疾病を療養したりすることです。

湯治の歴史は古く、『日本書紀』や『風土記』にも温泉療養に関する記述が残されていることから、飛鳥時代にはすでに湯治の習慣があったと言われています。

日帰りでも、一泊二日でも構わない

しかし、古くから言い伝えられている温泉療養での「長期滞留」が望ましいことはわかるものの、何かと忙しい私たち現代人にとっては、一週間以上のオフを作り出すことが簡単に叶えられる環境になく、ハードルが高いものかもしれません。

そこで近年提唱されているのが、現代版の「新・湯治」です。

これは、長期滞留ではなく「二泊三日」や「一泊二日」、さらには「日帰り」で温泉地へ出かけて湯に浸かり、自分の健康を見つめ直すことです。「現代湯治」や「プチ湯治」などとも呼ばれ、2018年度から環境省主導で行なわれているもので、現代人のライフスタイルにあった温泉の楽しみ方を推進する取り組みとして注目されています。

長期滞留の必要がないこの「新・湯治」でも、日常から遠く（100km以上）離れた環境に身を置くという「転地効果」により、精神的なストレスの軽減が期待できることがわかっています。

さらに、温泉浴による肉体的疲労の「癒し効果」は言わずもがな、温熱、水圧、浮力効果によって新陳代謝がよくなり、「デトックス効果」も期待できるのです。

週末の一日、二日だけでも、日常から離れた場所で湯治する。

そんな「現代湯治」に、ひとり温泉旅はピッタリだと思いませんか？

「温泉」には定義があった!?

ところで、私たちを癒してくれる「温泉」とは、そもそも何なのでしょうか。

温泉とは、地中から湯（熱水源）が湧き出している現象や場所、湯そのものを示す用語で、日本では「温泉法」によって定義されています。

この温泉法に記載されている内容を、わかりやすくまとめると、

①地中から湧出するときの温度が25度以上であるか

②温泉法第2条別表（次ページ参照）にある19の成分のうち、一つ以上を規定量以上含んでいる水、水蒸気その他のガス（炭化水素を主成分とする天然ガスを除く）

のどちらかの条件を満たしていれば、温泉であると定義されています。

温泉は、文字からも「温かい湯だけ」だと思われるかもしれませんが、実は25度未満でプールみたいにひんやりしたものでも、成分の条件を満たしたものであれば「温泉」であると認められているのです。

どれか一つでも規定量以上であれば「温泉」になる！

物質名	1kg中の含有量
溶存物質（ガス性のものを除く）	総量1000mg以上
遊離炭酸（CO_2）	250mg以上
リチウムイオン（Li^{+}）	1mg以上
ストロンチウムイオン（Sr^{2+}）	10mg以上
バリウムイオン（Ba^{2+}）	5mg以上
フェロ又はフェリイオン（Fe^{2+}又はFe^{3+}）	10mg以上
第一マンガンイオン（Mn^{2+}）	10mg以上
水素イオン（H^{+}）	1mg以上
臭素イオン（Br^{-}）	5mg以上
沃素（ようそ）イオン（I^{-}）	1mg以上
ふっ素イオン（F^{-}）	2mg以上
ヒドロひ酸イオン（$HAsO_4^{2-}$）	1.3mg以上
メタ亜ひ酸（$HAsO_2$）	1mg以上
総硫黄（S）〔$HS^{-}+S_2O_3^{2-}+H_2S$に対応するもの〕	1mg以上
メタほう酸（HBO_2）	5mg以上
メタけい酸（H_2SiO_3）	50mg以上
重炭酸ソーダ（$NaHCO_3$）	340mg以上
ラドン（Rn）	20（100億分の1キュリー単位）以上
ラジウム塩（Raとして）	1億分の1mg以上

「温泉法」第2条別表（環境省HPをもとに作成）

それでは、「天然温泉」と「人工温泉」の違いは一体何でしょうか?

それは、「地中から湧き出ているかどうか」と「温泉成分がもとから含まれているかどうか」ということです。この二つの条件を満たしているものだけが「天然温泉」と呼ばれています。つまり、多くの銭湯のように井戸水を沸かしたものは「人工温泉」となるわけです。

ちなみに、もともと含まれている成分とは別の成分を、温泉に後から足すこと自体は問題なく、不特定多数の人が楽しむ温泉施設などでは、保健所からの指導で塩素や銀イオンを入れることがあります。この場合、塩素や銀イオンを入れても「温泉」であることに変わりはありませんが、「天然温泉」ではなく「人工温泉」となるものが多いと言えます。

「火山性温泉」と「非火山性温泉」の違いとは?

さらに、天然温泉は「火山性温泉」と「非火山性温泉」に大別することができます。

「火山性温泉」とは、火山の地下にあるマグマ溜《だ》まりを熱源とする温泉を指します。

世界各地の火山地域の温泉は、多くが塩化物泉と呼ばれるものです。特に火山活動が活発な地域では、塩酸と硫酸を含む「強酸性の温泉」が見られます。

日本では、酸ヶ湯《すかゆ》温泉（青森）や玉川温泉（秋田）、那須《なす》（栃木）、箱根（神奈川）、雲仙《うんぜん》（長崎）などが有名な火山性温泉です。

これに対し、「非火山性温泉」は、火山活動とは直接関係なく生じる温泉のことです。さらに、非火山性温泉は「深層地下水型」と「化石海水型」の二つに分類することができ、「深層地下水型」は地熱で温められた地下水が地面の割れ目などから湧き出たもので、火山性の温泉より源泉温度が低く、アルカリ性が高い傾向があります。

一方の「化石海水型」は地層に閉じ込められていた大昔の海水が地熱で温められて湧き出たもので、塩分を多く含み、25度未満でも温泉と定義されるものが多い傾向があります。

日本では、道後《どうご》温泉（愛媛）や有馬《ありま》温泉（兵庫）などが有名な非火山性温泉です。

少し堅い説明が続きましたが、簡潔にまとめると、火山性温泉は酸性に傾きがちで温度が高く、非火山性温泉はアルカリ性で温度が低い傾向にあるということです。旅先の温泉がどんな特徴を持っているのか、知っておくと旅がより楽しくなるでしょう。

旅の秘訣は「泉質」にあり

温泉大国の日本では、「温泉」とひと言で言っても、にごっている湯もあれば無色透明な温泉もあり、バラエティーに富んでいます。温度、色、におい、浴感など、温泉によってさまざまです。

では、それぞれの温泉にはどんな特徴があるのでしょうか？ 温泉の泉質は、環境省が温泉に含まれている化学成分の種類とその含有量により、10種類に分類しています。

◆単純温泉　みんなが安心して入れる優しい「家族の湯」

日本で一番多い泉質で、温泉に含まれる溶存成分が1000mg／kg未満のものを指します。成分が薄めなので、赤ちゃんのデビューの湯としてもオススメできるくらい、マイルドで優しい温泉です。

◆塩化物泉　「温まりの湯」

皮膚に付着する塩分が肌の表面で薄い膜《まく》を作り、コーティングしてくれます。これが肌の水分や体内の熱を逃がしにくくするため「保温・保湿効果」が高く、冷え性対策にもオススメの温泉です。

◆炭酸水素塩泉　「クレンジングの湯」「清涼の湯」

〝三大美人の湯泉質〟の一つ。入浴後に清涼感を感じることができます。泉質名にカルシウムやマグネシウムがつくと、神経を落ち着かせる「鎮静作用」が、ナトリウムがつくと、肌の角質を取る「クレンジング作用」があると言われています。

◆硫酸塩泉　「若返りの湯」「傷の湯」「脳卒中の湯」

〝三大美人の湯泉質〟の一つ。「鎮静作用」があり、また切り傷や皮膚トラブルにも効果があるため「傷の湯」と呼ばれています。泉質名にナトリウムがつくと、皮膚に膜を作る「保湿効果」が、カルシウムがつくと、肌の弾力が回復する「美肌効果」が期待できるとされています。

◆**硫黄泉　「解毒作用がある湯」「生活習慣病の湯」**

〝三大美人の湯泉質〟の一つ。ゆでたまごが腐ったようなにおいが特徴です。解毒作用や殺菌効果が高く、皮膚表面の細菌やアトピー原因物質を除去してくれるため、皮膚トラブルに効果が期待できます。心臓の冠状《かんじょう》動脈や脳の動脈、毛細血管を拡張させる血行促進効果に加え、メラニンの分解を促進する効果から「シミ予防」「美白」にもアプローチします。

◆**酸性泉　「殺菌の湯」**

水素イオン濃度（pH値）が低く、肌や目にしみるほど刺激が強いのが特徴です。殺菌力が強く、皮膚表面にある古い角質を溶かす作用があるため、「ピーリング効果」が期待できます。また、ニキビやアトピー性皮膚炎、水虫や性病などにも効果的とされています。

◆含鉄泉　「婦人の湯」

鉄分を含んだ湯は、湧き立ての湯は無色透明であっても、空気に触れて酸化すると茶褐色に変わります。においは10円玉のよう。身体をよく温めてくれるため、冷え性や貧血、月経障害など、特に女性に多いトラブルに効果的です。

◆二酸化炭素泉　「血行促進の湯」

二酸化炭素（炭酸ガス）を含む温泉で、炭酸ガスの成分によって血流が改善され、血液と栄養が運ばれて老廃物が回収されるため、疲労回復につながります。さらに、飲泉することで胃腸障害を緩和すると言われています。

◆放射能泉　「万病の湯」「痛風の湯」

気体の放射性物質「ラドン」を含む温泉で、細胞を活性化し免疫力が上がる「ホルミシス効果」が期待できることから「万病の湯」とも言われています。「ラドン」は気体なので、吸気から体内に取り込むのが理想的です。痛風のほか、関節リウマチなどに適応が認められており、さらに利尿効果があるため、尿路結石やむくみにも効果が期待できるとされています。

◆含よう素泉「体質改善の湯」

うがい薬や傷薬でなじみのある「よう素」を含んでいる泉質で、酸化力が強く、高い殺菌作用を発揮します。薬のような味がして、ピリッとした感覚があるのが特徴です。飲泉することで、コレステロールを抑制することもできます。

以上が、10ある療養泉を簡潔にまとめたものです。

いきなりすべてを覚えるのはハードルが高いと思いますが、湯の特徴や期待できる効果を少しでも知ることで、より温泉に浸かることが楽しみになると思います。

ぜひ温泉に入るときに、「ここの泉質は何だろう?」「どんな効果が得られるのだろう?」と、考えるクセをつけてみてはいかがでしょうか。

温泉の「鮮度」は見逃せない

実は、温泉にも「鮮度」があることをご存じでしょうか？

温泉は生き物です。地中から湧いて空気に触れると、湯の劣化が始まります。つまり、エイジング、酸化するのです。

温泉の酸化とは、わかりやすく言うと「にごり湯」です。

このにごり湯、生まれたての湯がにごっているというわけではありません。実は、湧出したときは無色透明なものがほとんどです。しかし時間が経つと、湯がエイジングして少しずつにごり湯へと変化していくわけです。

というと、にごり湯が悪いもののように思われるかもしれません。ただ、「にごり湯」と聞くと「乳白色の湯」を思い浮かべる人が多いように、やはりその美しさは魅力的です。熟成を楽しむことも、温泉の楽しみ方の一つだと言えるでしょう。

老化の速度が遅くなる!?

一方で私は、「鮮度」にこだわると、ひとり温泉がさらに愛おしくなると実感しています。これは実体験にもとづく感想ですが、泉質が持つポテンシャルを十分に体感できて、身体の不調もケアできるのは、間違いなく鮮度のいい湯です。湯に含まれる成分の濃度みたいなものが全然違います。

さらに、新鮮な温泉には還元力があり、私たちの老いていくスピードを緩めてくれると言われています。温泉地で毎日鮮度抜群の湯に入りつづけている人とそうではない人とを比べると、結果は明らか。継続していると、やはり違いがわかります。

鮮度抜群の湯を選んで温泉に浸かる、それだけでアンチエイジングが叶えられるなんて魅力的ですよね。

次の項では、そんな「鮮度」のいい温泉を選ぶうえで知っておきたい「源泉かけ流し」「足下（足元）湧出《ゆうしゅつ》」という用語について、説明したいと思います。

「源泉かけ流し」「足下湧出」の魅力とは？

温泉の会話をするときのこと。よく「源泉かけ流しで入れる温泉がいい」だとか、「足下（足元）湧出の温泉が最高だ」と耳にするけど、どのような魅力があるのかイマイチよくわからない……という声、実は少なくありません。

もっと言えば、「源泉かけ流し」とは、浴槽に新しい源泉だけを注いで、溢《あふ》れさせた状態のことです。「源泉かけ流し」とは、湯を循環させない温泉のことを指します。湯口から注がれた源泉が吸い込まれることなくオーバーフローしているかどうか、入ったものが純粋に湯船から溢れて出ていくかどうかを見ることができたら、源泉かけ流しの湯だと言えるものがほとんどです。

源泉かけ流しではないものは、湯船の中か外に吸い込み口があり、掃除機のように湯が吸われていくものがあります。そしてその後、循環や濾過《ろか》されて、湯は再利用されるのです。このように使い回される湯は、基本的に泉質が持つポテンシャルが薄くなります。

このようにまとめると、「絶対に源泉かけ流しがいい」と思われる方が多いと思います。しかし、すべての温泉がかけ流しで利用できるわけではありません。もちろん、温泉地によって湯量もさまざま。生まれたての温泉の湯量が少ないところだと、源泉を循環させて再利用せざるを得なくなります。

そのような温泉地では、多くの方が安心して温泉入浴を楽しめるよう、レジオネラ菌などのバイ菌対策として塩素で殺菌消毒をし、循環や濾過した湯が再び浴槽に注がれているわけです。

一度も空気に触れない「究極の温泉」

足下（足元）湧出温泉とは、その名の通り足元、つまり湯船の底からお湯がぷくぷくと湧いている温泉のことです。

地中から湧いたばかりの生まれたての湯が空気に触れないように、湧いた湯の真上に浴槽があるのが、温泉としては理想的になります。メリットは前項で説明した「鮮度」の話になりますが、源泉の泉質や効能を存分に味わうことができる点です。

そして実は、足下（足元）湧出の温泉は希少で、全国を見ても30あるかないかしかないと言われています。

足下（足元）湧出の温泉ですぐに思い浮かぶのは、国鉄（現・JR）時代のフルムーンのポスターの撮影場所となり人気を集めた、群馬県にある「法師《ほうし》温泉 長寿館」や、世界遺産にも認定された和歌山県「湯の峰温泉 つぼ湯」です。

ほかにも青森県や、福島県、岡山県、島根県、鹿児島県などにもありますが、私が人生で初めて足下（足元）湧出の温泉と出会ったのは、岩手県花巻市にある「鉛《なまり》温泉 藤三《ふじさん》旅館」でした。

この宿で名物的存在なのが、深さが1m20cm以上もある日本一深い浴槽で、立ったまま入浴をする「白猿《しろざる》の湯」と呼ばれるもの。

混浴なので少し躊躇しましたが、行ってみてよかった。一度も空気に触れることなく、生まれたての源泉がぷくぷくと湧く姿を見ながら立ったまま入浴するという、ほかではなかなか体験できない入浴スタイルに感動しました。

少し堅い説明が続きましたが、本章で紹介してきたことをちょっとでも理解しておくと、温泉による療養効果をより実感できるようになり、ひとり温泉旅がもっと充実したものになります。

さあ、あとは勇気を出して出発するのみです。「ひとり温泉旅」の沼に、一緒にハマりましょう！

第2章

「ひとり温泉」に行きたいな、と思ったら

――人生が変わる旅へ出かけよう

ひとり温泉の「ベストシーズン」は？

温泉のベストシーズンというと、多くの方は「秋」と答えるのかもしれません。少し肌寒さが感じられるようになると温泉が恋しくなり、秋の行楽《こうらく》シーズンに色づく紅葉と露天風呂を楽しみたいな……と。

たしかに秋もいいのですが、紅葉のジャストな時期はやはり人気で、湯宿も予約が取りにくくなるし、現地では周辺の道路が大渋滞するほど人で溢れるので、どうしても目的地までかなりの時間がかかってしまうものです。

もちろん場所によっても異なりますが、実は花冷えの時期を過ぎた春から梅雨入り前の新緑がまぶしい季節（4月中旬～6月上旬）が穴場だし、みなさんにオススメしたいなと思っています。

特に、G　W《ゴールデンウィーク》が明けた直後は人が急に動かなくなりがちなので、かなり予約が取りやすくなります。しかも、連休の時期よりもリーズナブルになっていることが多いのです。この時期に、鮮やかな若葉を眺めながら浸かる露天風呂は素晴らしいし、なんだか新緑からパワーをもらえるような感覚になります。

隣の部屋から悲鳴が……！

そして実は、多くの方が意識していない大事なポイントが「虫が少ない」ということです。

露天風呂は泉質や場所にもよりますが、虫でにぎわいがち。虫よけスプレーが置いてある宿もありますが、やはり虫がいるとなると、ゆっくりくつろいで湯浴《ゆあ》みをするわけにはいきません。

特に二酸化炭素泉などの炭酸ガスが溶けた湯の露天風呂は、アブやブヨがたくさん寄ってきます。私もある程度の対策はしていても、何度も被害に遭ってきました。もともと蚊にも刺されやすいので、虫が寄ってきやすい体質というのもあるかもしれませんが……。

ひとり温泉旅中に、虫はできればお目にかからずにいたいもの。以前、隣の部屋から夜中に「わ！　虫だ！」という悲鳴が聞こえてきたこともありました。でも夜中だと、宿の人を起こすわけにはいかないし、湯宿によっては宿主の自宅が別のところにあるので、夜間は不在の場合もあります。

都会に住む方に多い印象ですが、特に虫が苦手な方は、夏以外の季節を選ぶことをオススメします。そんな視点からも考えてみると、やはり梅雨入り前までの風薫《かぜかお》る時期がベストなのかなあと思っています。

やはり、狙い目は閑散期

ひとり温泉旅は友人や家族と行く旅とは違い、誰かと予定を合わせる必要がなく、思い立ったときにふと出かけられるので、多くの人が一斉に旅に出る期間を避けると、かなり予算を抑えることができます。

連休の前後が比較的、宿の値段も下がりがちなので、旅のスケジュールが組めるならば狙いたいところ。閑散《かんさん》期のほうが温泉宿の選択肢も広がります。

実は、多くの温泉宿では、ひとりで宿泊すると追加料金が発生したり、そもそもプランの価格が2〜3割増しに設定されていたりするところが多いです。

だからこそ、閑散期の少し値段が下がりがちな時期をチェックして、少しでもお得に湯旅へ出かけられたらいいですよね。

最初の「宿選び」は慎重に

コロナ禍以降、ひとりで温泉旅に出かけてみたいという人が増えています。「ひとり温泉旅をしてみたいけど、なかなかはじめの一歩が踏み出せない」という方に、ぜひ熱海や箱根といったにぎやかな温泉地ではなく、田舎の素朴な湯治場やこぢんまりとした温泉地の宿を、デビュー時にはオススメしたいのです。

誰でも初めてのひとり旅はやはり緊張するし、不安もあります。だからこそ、いい思い出として残る旅がしたいもの。

ひとり客を温かく迎えてくれるところ、ひとり旅プランがあるところは、「失敗したな」と思うことなく、ポジティブなイメージが残りやすいです。ここで成功体験をすることこそが、次回のひとり温泉旅につながるのだと思います。

あ、意外とひとりでいけるかも！

私が初めてひとり温泉旅をしたのは、秋田県仙北《せんぼく》市にある「乳頭《にゅうとう》温泉郷 鶴《つる》の湯温泉」です。

ここは、予約がなかなかとれない人気宿。行く前までは不安もありましたが、いざ行ってみると宿泊者限定の浴槽もあり、さまざまな泉質の温泉を出たり入ったりしていたら結構忙しくて……チェックアウトまでの時間がものすごく早く感じました。

今考えると、ここは食事処《どころ》に仕切りがなく、個室ではなかったので、デビュー戦としては少しハードルが高めだったかもしれません。食事が部屋食ではなく、みんなが集う食事処だと、どうしてもほかのお客さんの視線が気になってしまって緊張してしまいます。

でも、鶴の湯温泉の場合、それは初めだけ。秋田弁バリバリの男性スタッフさんの接客が楽しくて、気がつけば緊張がほどけ、ほかのお客さんの視線が気にならなくなっていました。あ、意外とひとりでいけるものだなあと。

そして、鶴の湯温泉の名物料理「山の芋鍋《いも》」（口絵Ⅲ参照）が、一度食べたら忘れられないくらいおいしく、しっかり胃袋も摑まれました。きのこと山の芋を擦《す》って団子《だんご》状にまとめた芋団子と、味噌《みそ》仕立ての汁の滋味《じみ》深い鍋にほっこりと癒される。お腹が満たされ、幸せな気持ちで部屋に戻ると、しばしゴロゴロ。うたた寝して、目が覚めたらまた温泉へ……。

夜、ぼんやり星を眺ながら、乳白色のにごり湯や新鮮な温泉を五感をとぎすませてじっくり味わい尽くせるのが最高で、自由気ままっていいものだなあと、ひとり温泉旅でしか味わえない魅力を実感しました。

「ひとり旅プラン」は要チェック

これまで数多《あまた》の温泉旅館に投宿してきて思う、ひとり温泉旅デビュー時にチェックしておきたいポイントをお伝えします。

・客室数が10室以下の小宿

・ひとり旅プランを出しているところ
・温泉や食事が素晴らしいとクチコミ高評価の温泉宿
・人気温泉ランキングの上位を占める、にぎやかな温泉地を選ばないこと

やはりこれまでの経験上、空室を埋めたいがために直前でひとり泊を受け入れる宿より、普段からひとり旅プランを出しているところは、実際に訪れたときも終始丁寧におもてなしをしてくださることが多く、気持ちのいい湯旅時間を過ごすことができました。

このほか、ほどけるようなぬる湯が至福で、地元で旬の野菜をふんだんに使った料理がおいしい、新潟県にある「栃尾又《とちおまた》温泉 宝巌堂《ほうがんどう》」。モール泉（132ページ参照）に癒され、主人の人柄のよさを感じた、宮城県にある「川渡《かわたび》温泉 山ふところの宿みやま」も、ひとり旅デビューにオススメしたい温泉宿です。

「いい温泉宿」の定義とは？

温泉ジャーナリストとしての立場上、温泉宿やホテルに対して「いい」「悪い」という区別はしたくないところではありますが、「悪い」というほどではなく「まあまあ、よかった」と及第点くらいの温泉宿であれば、正直私はリピートをしません。

その一方で、鮮烈な記憶に残るほど素晴らしい宿、感動体験ができる湯宿との出会いも数多あり、「あの宿にまた泊まりたい。だから、またその温泉地に行く」というように、旅の目的が「宿に再び泊まること」になることもあります。

改めて「いい温泉宿」とは、一体どういう宿なのでしょうか？

この問いに対していろいろと考えをめぐらせたとき、結局は、「もてなす気持ちがお客さんに十分に伝わる湯宿である」という結論に至りました。

宿の従業員もお客さんも人間同士。ＡＩではないので、心があります。人が人のホスピタリティマインドで温かい気持ちになり、心が満たされる――。そんな感動体験ができたとき、「この湯宿に泊まって大正解だったな」「またこの宿に泊まりたい」という気持ちになるものです。

「おもてなし」の心は、SNSに宿る

私はこれまでの宿泊経験から、宿側の「もてなす気持ち」が強いか否かが明確にわかります。その基準とは、何なのでしょうか。

- **マニュアル通りなおもてなしではないこと**
- **お客さんの年齢層が、宿側のイメージする年齢層とうまくマッチしていること**
- **宿側がSNSや公式サイトを頻繁に更新しているところ**
- **ご主人や女将さんをはじめ、従業員の人柄のよさが強く感じられるところ**

出かける前は、特に三つ目をよく確認してみてください。SNSや公式サイトをこ

まめに更新しているところは、行く前から宿の様子やイメージが伝わるし、おもてなしを感じます。そこで好印象だと、宿泊日を迎えるのが一層楽しみになりますよね。

え、もっと安くなるんですか!?

福島県下郷町《しもごうまち》、湯野上《ゆのかみ》温泉にある「ぬくもりのいろり宿 民宿 いなりや」。

ここは、クチコミもかなり高評価で予約困難な湯宿ですが、実際に泊まってみて人気も納得。心身がとても温まるひとときを過ごすことができました。

まず、宿スタッフの人柄のよさが随所に見られます。

私が宿泊した時期は、下郷町の観光公社が期間限定で、宿泊料金の一部を下郷町が負担してくれるキャンペーンを行なっていましたが、私は旅行サイトから予約をしたのでキャンペーンの存在を知りませんでした。

しかし、なんとわざわざ電話でキャンペーンを教えていただき、割引を適用していただいたのです。もともとひとりで宿泊しても8000円台とリーズナブル。とはいえ、少しでもお得に泊まれるのはありがたく、連絡してくださったのはとてもうれしかったです。

ちなみに、夕食が驚異的なボリュームなのも、この湯宿の特徴の一つ。

特に、天ぷらのボリュームがハンパない（口絵Ⅲ参照）！　揚げたての天ぷらを口に運んでいたら、若旦那がニコニコしながら「名物の天ぷらは、ノリでたくさん作っているだけだから、無理しないでね」と。

どうやら過去に完食したのは、私が宿泊した2021年頃の時点で4人しかいなかったようで、食事を残すことへの罪悪感を持たせないようにする若旦那の神対応に感激しました。

丁寧なおもてなしは心に響くもので、そういう宿を積極的に選びたいですね。

「予算」は、旅のこだわりを決めてから

ひとり温泉旅に出かけようと決めた人から、「どのくらいの予算で考えたらいいのか？」とよく尋ねられます。

そこで私から逆に問いたいことは、「ひとり温泉旅の宿で、一番重視したいことは何か？」というインサイトの部分です。

ひたすら泉質を重視したいのか、それとも湯宿で過ごす時間を充実させたいのか、またはホテル仕様の宿で非日常の空間を楽しみたいのか、普段から食のトレンドや流行りの店には惜しみなくお金をかける傾向にあるのかどうか……などなど。

「すべてをほどほどに叶えたい」という答えが返ってくることもありますが、実は湯宿選びにおいては、「なんとなく選ぶ」ことはリスクであるような気がします。旅を成功させるためにも、こだわりはしっかり持ちたいものです。

予算もわがままで決めていい

ひとり温泉旅の魅力のうちの一つが、思うがままに旅の行程を作れるということ。友人や家族との温泉旅だと、どうしても相手の意見を聞いて調整せざるを得ませんが、ひとり温泉旅においては、予算においても自分のわがままでいいことが醍醐味になります。

さて、それでは「旅先で非日常感を味わいたくて、ハイクラスな湯宿を選びたい」というこだわりのときは、どのくらいの予算で考えたらいいのでしょうか。

これまでの経験上、行先にもよるものの、GWやお盆休みを外した時期ならば、2万〜3万円の予算であれば、十分非日常感を味わえる湯宿時間を過ごすことができると思っています。

昨今の物価の高騰で、以前よりもコストが上がっているところが多いのは事実でありますが、2万〜3万以内で探しても満足できる湯宿は結構出てきます。

「お値段以上」を求めるなら……

さらにお値段以上の価値を温泉宿で体験するのなら、できれば「ずらし旅」をして、平日に温泉旅へ出かけることが理想的。

ただ、お仕事などの関係で週末にしか時間を取れない方も多いと思うので、土曜日を避けて、金曜日か日曜日泊にするだけでも結構選択肢が増えてきます。土曜日もひとり泊を受け入れてくれる湯宿はそれほど多くないですし、あってもひとり泊の加算分があって、予算を超えてしまいがち。同じ予算の中でも、より内容の充実をはかることができるのは、やはり平日なのです。

もし、土曜日を避けることができてハイクラスの湯宿を選びたいのであれば、私の宿泊経験から、その土地ならではの美食を味わうことができ、2万～3万円で贅沢なひとり旅が叶うオススメ湯宿を紹介します。

◆伊豆熱川《あたがわ》温泉　自家源泉 おもてなしの宿 みはるや（静岡県）

伊豆熱川は東伊豆の中でも自家源泉を持つ湯宿が多いので、かけ流しのよき湯にこだわるのならオススメしたい温泉地です。なかでも「みはるや」は、温泉がついた部屋で熱めのナトリウム—塩化物・硫酸塩泉を誰にも邪魔されず堪能できる環境のほか、貸切で利用できる温泉や砂蒸し風呂もあるので、温泉三昧を2万円台で叶えることができます。

伊豆ならではの魚介類メインの食事も絶品でした。

◆妙見《みょうけん》温泉　ねむ（鹿児島県）

妙見温泉は、天降川《あもりがわ》沿いに湯治宿からハイクラスな湯宿までが立ち並んでいて、さまざまな宿で極上の美肌の湯を堪能できる温泉地です。「ねむ」は、ひとりで客室露天風呂付きの部屋に泊まっても2万円前後で宿泊ができます。

ここの客室露天風呂が秀逸。ナトリウム・カルシウム・マグネシウム—炭酸水素塩泉で、炭酸を含んだ泡がまたたく間に全身を包み込みます。食事は鹿児島県の食材を使った創作料理で、しみじみとした味わいがありました。

「予約」は一番安い方法を選びたい

さて、ひとり温泉旅に出かけようと思い立ったとき、まずホテルや温泉旅館を予約すると思います。どのような予約方法がベストなのでしょうか？

意外と知られていないのですが、基本的には「直接予約」がオススメで、公式サイトからの直接予約が一番お得なことが多いです。

直接予約が一番お得な場合、宿側も公式サイトのトップページの目立つところに、「公式サイトからの予約が一番お得です」と最安を保証しているところが多い印象です。

また、ＯＴＡにも掲載されている場合、必ず両方の値段を比較して検討することをオススメします。たとえ公式サイトとＯＴＡを比べてみて料金が同じであっても、公式サイトからの予約者限定でウェルカムドリンクがついたり、チェックインの時間が早かったり、またはチェックアウトの時間の延長が無料でできるといった特典があったりするからです。

いかに、クーポンを駆使するか

ただ、最近はOTAからの予約が多くなってきていることも事実です。特に「じゃらん」や「楽天トラベル」からの予約が人気ですが、ポイントを貯めることができたり、OTA独自で行なっているキャンペーンが毎月のように開催されるので、その時期を狙って予約するとお得に宿泊することができます。

そのため、何度もひとり温泉旅に行く方にとっては、中長期的に見て予約サイトを使ったほうがお得になることもあります。

だいたい「じゃらん」はほぼ毎月のように、とてもお得なクーポンが配布されますし、「楽天トラベル」も年に4～5回ほどあるスーパーSALE時は、公式サイトと比較してもだいぶお得な価格で予約することができます。

このほか、高級旅館に強い予約サイト「一休.com」は、サイトを使って宿泊をすればするほどポイントがつき、上級のダイヤモンド会員になると、予約の時点で割引が適用されます。

また、「一休.com」のサイトにはクーポンが不定期に突然現れるので、運よくそのクーポンを使えるとお得に宿泊することもできます。

知られざる「秘湯のスタンプ帳」とは？

あと、お得に泊まる方法として「日本秘湯を守る会」のスタンプ帳を貯めることも一つの手だと言えます。「日本秘湯を守る会」とは、秘境や登山基地、かつての湯治場だった僻地《へきち》などに位置する日本の古きよき温泉や自然を大切に守っていこう、という理念のもとに集まった温泉旅館の組織のことです。

全国100か所以上の温泉旅館が加盟していて、その会員の宿に泊まると一泊につき一つのスタンプを押してもらうことができるシステムになっています。スタンプを貯めていくと、スタンプ10個につき1か所、押印した10の宿の中から好きな宿を選んで一泊無料の招待を受けることができるのです。

会員宿はいくつかの厳しい条件をクリアして会員となっているので、どこも温泉にこだわりを持ち、湯のよさを実感できるのが魅力的。温泉愛好家の間ではすっかりおなじみのもので、会員宿を選んで湯旅をしている人も少なくありません。

かくいう私も、以前ほどではありませんがスタンプ帳を貯めていて、現在12冊目。これまで11回の無料招待を受けてきました。

会員宿の宿泊料金は1万～3万円と幅がありますので、お得に泊まることを考えたら、安い1万円くらいの宿に多く泊まって、高い宿に1回泊まり、その高い宿で招待を受けることもできます。ちなみに、先に紹介した「乳頭温泉郷　鶴の湯温泉」も「日本秘湯を守る会」会員宿のうちの一つ。

「じゃらん」や「楽天」は通常2～5％の還元率で、セールやフェア時は還元率も上がりますが、「日本秘湯を守る会」の予約は実質、常時還元率10％なので、会員宿に泊まりたいところがあるのであれば、こちらのほうがお得なケースが多いと言えます。

「素泊まり」「一泊二食付き」……悩ましい選択

温泉旅館に泊まるとき、スタンダードなプランは「一泊二食付き」ですが、ここ数年で「素泊まり」のプランを取り入れている湯宿がだいぶ増えてきました。

そこで「素泊まり」がいいのか、「一泊二食付き」がいいのか？　迷う方も少なくないかもしれません。

「素泊まり」は文字通り食事が付かない、ただ泊まるだけのプランのこと。昔ながらの湯治宿では自炊して温泉で療養するというスタイルゆえ、「素泊まりのみ」としているところが多いのですが、近年は湯治宿ではなくても、食事が付かないプランがあるところがだいぶ増えてきています。

ちなみに、宿泊料金と食事料金を別にするという「泊食《はくしょく》分離」という形式を採用している湯宿もあります。

リーズナブルで自由な「素泊まり」

「素泊まり」、つまり食事が付かないプランが魅力的なのは、何よりもまず時間の縛りがゆるくなることでしょう。

一泊二食付きのプランだと、夕食の時間がだいたい18時前後であることが多く、チェックインの時間もだいたい17時くらいまでとしているところが多いので、仕事を終えてから温泉宿に泊まりたくなっても、食事の時間がネックになってしまうこともあるかと思います。

一方で「素泊まり」の場合だと、チェックインの時間が少し遅くても受け入れてもらえるので、平日に温泉宿へ行くことも叶いやすくなります。

また、食事が付かない分、宿泊料金が低価格なので、低予算で旅が実現しやすいこともメリットの一つです。

持ち込みが可能な湯宿ならば、チェックイン前にあらかじめ食事を用意しておくことで、宿泊費を抑えることができます。湯宿の近くにご当地スーパーがあると、その土地ならではの食文化を惣菜《そうざい》などから知る楽しみもあり、新しい味覚の発見があるとうれしくなりますね。

宿の料理が多すぎる件について

そして「素泊まり」の最大の魅力は、温泉地にあるご当地居酒屋で、地域ならではの郷土料理をカジュアルにいただくことができるという点です。

多くの温泉宿で提供される食事は、湯宿スタッフのおもてなし精神によってボリュームたっぷりなことが多いので、「残したらもったいない」「失礼に当たるから」と、罪悪感からつい食べすぎてしまう傾向に。

食事が少な目というプランがある湯宿もありますが、やはりどこも基本的にはボリュームたっぷりの和洋折衷スタイルです。

食が細い方の場合だと、もしかしたら素泊まりにして、地元の食事処や居酒屋、町中華やお寿司屋さんなどで食べたいものを食べられる分だけいただくほうが、胃も心も満たされるかもしれません。

- **湯旅の予算をリーズナブルに抑えたい**
- **チェックインの時間が遅くなってしまう**
- **地元ならではの店で郷土料理をカジュアルに食べたい**

このような方であれば、「素泊まり」を選ぶ旅をオススメします。

宿時間を最大限に楽しむ「一泊二食付き」

他方「一泊二食付き」プランの魅力は、やはり非日常感溢れるボリュームたっぷりな旬の食材や地域に伝わる郷土料理など、宿オリジナルの料理プランを存分に楽しむことができるという点でしょう。

また、一度湯宿に入ったら、外出したくない方もたくさんいるかと思います。そのような方にとっては、一泊二食付きを選ぶほうがストレスもなく、宿での楽しい湯旅時間を堪能することができるでしょう。

春の山菜や秋のきのこなどの旬の味覚、海が近い場所の海鮮料理など、地域ならではの食材をひとりでおいしく味わう……。このような体験ができると、旅の思い出がさらにいいものとして記憶に深く刻まれます。そして、その味を求めてリピートしたくなるものです。

・旅館の料理が好きで、郷土料理や旬の味覚を宿で味わいたい
・一度宿に入ると、外出するのが面倒に思ってしまう

こだわるポイントがこの二つに該当するのなら、「一泊二食付き」プランを選ぶと、ひとり温泉旅の満足度がアップすると思います。

ノープランは善か悪か？

温泉旅だけに限らず、そもそも旅をするとき、しっかりと事前に計画を立てて行きますか？　それともノープランで旅に出かけますか？

ひとり温泉旅の醍醐味でもある「気まま」や「保養」を最大限享受したいのであれば、ノープランの旅ならではの心地よさというものも、ぜひ一度味わってみてほしいと思います。ただ、これはどちらがいいとか悪いとかではなく、そもそもの性分もあるので、一概にオススメできるとは言い難いですが……。

まず、しっかり事前に計画を立ててから旅をする人の場合、限られた時間の中、効率よく湯旅を楽しみたいと強く思っている傾向があるように思います。

旅先で外したくない「目的地」や「食」が明確にある場合だと、ノープランの旅なんてありえないと思うかもしれません。

また、ネットやSNSで旅のリサーチをしていると、下調べをしている段階から旅が始まっているような感覚になりますよね。このひとときも楽しいものです。

ローカル旅に、ハプニングはつきもの

しかし、たとえ細かくプランを立てた旅であっても、「旅行中に想定外のハプニングが起こるかもしれない」ことは、念頭に置いてほしいと思います。

公共機関メインでの旅は特に、計画通りに進まないこともしばしば。事前に乗りたいと考えていたローカル線が人身事故によって大幅に遅延したり、悪天候時に電車もバスも運休になったりしたこともありました。

ただでさえ、ローカルな旅先は電車やバスの本数も少なくなります。そのため、「この時間の電車に乗って……到着後はこのお店で……」と、事前にリサーチして組んだタイムテーブルをもとに動こうとすると、予定が大幅に狂ってしまいます。

この場合、無念ではありますがどうすることもできず、せっかく計画していた旅程

が崩れ、悲しい気持ちに。初めて訪れる場所だと特に、どうしていいのかわからず、ただただ途方に暮れてしまうこともたくさんありました。

「その瞬間」を謳歌できるノープラン

こんなとき、もしもノープランの旅だったら……目的地の湯宿へ到着することを考えて動くだけなので、ダメージの深さは違うかもしれません。あそこに必ず行きたい、あれが絶対に食べたいという要望がないのですから。その場でどうしたらいいのか、その都度最善策を考えて動くことができます。

そう考えると、ノープランの旅は〝善〟なのだと思います。

さらにノープランの旅の場合、思わぬハプニング時に、人の温かさに出会える機会が多いと感じます。そんな予期せぬ人との出会いも、ひとり旅の楽しみの一つ。

旅先で出会った人とその場で意気投合し、翌日一緒に行動したケースもありました。急なきっかけにも対応できてしまうというのが、ノープラン旅のよさなのかもしれません。

旅の必需品は「安眠グッズ」

すっかり旅をすることがライフワークとなって毎週のように旅をしていると、よく「温泉旅の必需品は何ですか？」と聞かれることがあります。

ひとり温泉旅の経験が多いからこそ、私が必要だと感じたものを知りたいのでしょう。目的地までの移動時間で暇《ひま》を持て余したくない、という心配もあるかと思います。

詳しい持ち物リストは本書の最後にまとめるとして（208ページ参照）、一泊二日のひとり温泉旅に持っていって便利だったものを紹介します。

《便利な持ち物リスト》

- **モバイルバッテリー**
- **本（手軽な文庫本がベスト）**

・耳栓
・安眠グッズ（フレグランスミスト）
・手ぬぐい

「暇を楽しむ」ためのアイテム

まずスマートフォンを触る時間が長い方であれば、「モバイルバッテリー」を必ず持参しましょう。電波状況が悪いと、端末がネットワークを探す頻度が増えるため、電力消費が増えるそうです。ローカルに行きがちなひとり温泉旅、たしかに電波がよくなくて4Gでも通信速度が遅いケースも結構あり、スマートフォンの充電の減りが早く、気がついたときには充電が20％以下になっていたことは何回もありました。そのたびに、モバイルバッテリーに助けられてきました。

「本」もよく持参しています。やはりスマートフォンばかり見ていると充電の減りが早いということもありますが、移動時間や部屋でくつろいでいるときこそ、読書がはかどるものなのかもしれません。

私の場合、本の購入量に読むスピードが追いついていかず、本を積んでしまいがち。そのため、目的地への移動中や旅先でのふとした休息時間、部屋でまったりとしているときに本があると、結構読み進められます。

最近は、ホテルや湯宿でも動画配信サービス対応のテレビが増えていますが、特に小規模な温泉宿の場合は、未対応のテレビが設置されていることも多いです。さらに場所によっては、見ることができるチャンネルが少ない地域もあるので、見たい番組が見当たらないこともあるかもしれません。

そういうときのためにも、1冊でも本を持参しておくといいと思います。

旅の充実感は、睡眠の質にあり

あと持参しておいて安心なものは「耳栓」です。

昭和レトロな小さい旅館や壁が薄いホテルだと、隣の部屋の人の声が聞こえてくることもあります。テレビの声さえも聞こえてくることがありますが、笑い声だとさらにボリュームがすごく、夜中までにぎやかな声が聞こえてきてなかなか寝られないこともありました。こんなとき耳栓があると、心強くてぐっすり眠ることができます。

さらに、「場所が変わると眠れない」という方も一定数いらっしゃると思います。そんな方にオススメしたいのが、「フレグランスミスト」です。

私も旅先には必ず持参し、寝る直前にふりかけてから床に就くようにしています。香水とは違うからか、においはすぐ消えてしまうものの、すごくリラックスして癒されます。気がつけば熟睡していて、翌朝の目覚めがすっきり。

ぜひ、ご自身にあった手軽な安眠グッズを持っていってほしいと思います。

宿までの「交通手段」は要検討

温泉旅での移動手段は、何を選びますか?

場所にもよりますが、車が好きな方ですとマイカーでのドライブも楽しいもので、オフの旅は運転したいと思っている方も少なくないと思います。実際、私も500㎞くらいまでなら、ひとりで運転しても問題ないと思っていましたし、実際よくマイカーを使って温泉旅に出かけていました。

車での移動なら、高速道路がリーズナブルになる時間や時期を狙いたいものですね。ネットをチェックしてみると、お得に高速道路が利用できる「周遊プラン」の案内を見かけることも結構あります。

夜中に高速道路を使うと通行料金もお得ですし、夜中の移動はひとり旅なら特に叶いやすく、道も空いているのでストレスが溜まりません。

でも、年を重ねてくると、長距離運転がつらくなり、渋滞に巻き込まれるストレスで逆に疲労が溜まってしまうことを実感するようになりました。

近年は、目的地付近の主要都市まで新幹線や私鉄、バスや飛行機を使い、そこからレンタカーを借りて移動するようになりました。主要都市だと、旅からの帰りに人気のご当地酒場でサクッと飲むこともできるので、そんなよき店との出会い探しも楽しいなと思っています。

決して安くはないですが、温泉地で過ごせる時間を増やすためにも、移動時間でストレスを溜めないためにも、公共交通機関を駆使することは大切だと思います。

新幹線予約は「早割」を狙いたい

実は、これらの新幹線や私鉄、バスなども、お得に行けることをご存じでしょうか？例えば新幹線。ＪＲ東日本であれば、私は「えきねっとトクだ値」や「お先にトクだ値」をよく利用しています。こちらに登録すると、乗りたい日の一か月前から予約が可能になり、割引率は10％か30％。さらになんと、50％が出ることもあります。

ただ、この「トクだ値」、コロナ禍以降はかなり人気があり、休日や休前日はもちろん、平日でも発売開始日にすぐ埋まってしまいますので注意しましょう。

東海道・山陽新幹線の場合も、乗車日28日前までであれば、乗車券と特急券が一緒になった「EX早特28ワイド」を活用することによって、15〜20％程度の割引を受けることができます。

どうせなら、お金は旅先で使いたい

鉄道を利用する場合、私はまず金券ショップをのぞきます。それは、株主優待割引券を売っている場合があるからです。例えば、JR東日本の株主優待割引券を購入すると、JR東日本の切符を4割引で買うことができます。株主優待割引券の相場は2000〜4000円くらいなので、遠方への移動であれば、結果的に安くすることができるのです。ちなみに、この株主優待割引券は新幹線にも利用が可能です。

一方で、バスの場合。時間の余裕があるなら高速バスを使って旅をするというのも、交通費にあまりお金をかけない移動手段の一つだと思います。例えば東京駅から長野駅までは、新幹線の場合だと特急券と乗車券で約8000円ですが、高速バスだと日により変動はあるものの、2000〜3000円ほどで移動が叶います。

最近は、飛行機もだいぶリーズナブルに目的地まで飛ぶようになりました。場所によっては、新幹線よりお得になる場合もあります。

乗り物にこだわりたい方は別として、やはり移動時間が短いというのは魅力があります。そして、それがリーズナブルであればうれしいものです。

どうせなら、旅先でお金をたくさん使えたらいいなと思います。

「山温泉」と「海温泉」で効能が変わる!?

ストレスによる疲労がかなり溜まったとき、現実逃避したい気持ちになって、ふと「温泉旅にでも行きたいなあ」と思ったことはありませんか?

第1章でも少し触れましたが、温泉旅から得られる効果の一つに「転地効果」というものがあります。日常から離れ(できれば100km以上離れているのが理想)、自然環境に恵まれた温泉地に出かけることで、五感に刺激を与えることができるとされています。また、脳内ホルモンの調整をつかさどる自律神経のスイッチが入り、ストレス解消、体調や精神的な疲労の回復に効果があるとも言われているので、旅は上手に活用したいものです。

「海の近くの温泉に行きたいな」または「山にある温泉に行きたいな」などと思うのは、もしかしたら身体が発したSOSのサインなのかもしれません。

もちろん「海が好きだから海の温泉に行きたい」「山派だから山の温泉に行きたい」という温泉地の選び方は大切だと思います。

しかし、心や身体が特定の状態のときにそのような選び方をしてしまうと、実はいい作用や効果が得られず、最悪の場合、悪化してしまう恐れもあるのです。

落ち込んでいるときは「海温泉」を選ぶなかれ

海が近い温泉の温泉分析表を見ていると、たまに禁忌《きんき》のところに「うつ病」と明記されていることがあります。

立地によって、得られる効果に違いがあるのでしょうか？

ざっくりとした結論から言うと、交感神経を優位にさせて元気になりたいなら「山温泉」を、心身を落ち着かせたい気持ちのときは「海温泉」を選ぶのがよい、と言われています。

「山温泉」と「海温泉」の効能と禁忌について、まとめてみました。

《山の温泉地》
・標高が高い場所は交感神経が高まるので、気分転換したいときに最適
○明るくリフレッシュがしたい
○元気になりたい
○気持ちが落ち込み悩んでいる人、うつ病の人
×イライラしている人
×高血圧の人

《海の温泉地》
・適度な湿度でリラックスができ、開放感のある景色に気持ちが明るくなる
・塩分やオゾン等を含んだ空気が、副交感神経を刺激し緊張が緩和する
○疲労が溜まっているので休養したい、癒されたい
○気持ちを落ち着かせたい
○イライラしている人、高血圧の人、呼吸器系が弱い人
×痛みがある人

×気分が落ち込み、沈んでいる人（うつ状態）

雄大な木々の風景を求めて

オススメの山温泉と海温泉をいくつか紹介したいと思います。

山の温泉ならば、標高1800mに位置する群馬県の「万座温泉《まんざ》」。ここは、硫黄成分含有量が日本トップクラス。緑に囲まれた上信越高原国立公園内にある高山温泉郷で、一日に540万ℓと湧出量が豊富です。万座温泉には日帰り温泉施設や宿泊施設がいくつかありますが、なかでも「万座ホテルジュラク」にある「法性の湯《ほうしよう》」は、硫黄含有量が日本ナンバー1です。

このほか、北海道にある「十勝岳《とかちだけ》温泉（標高1280m）」、岩手県にある「藤七《とうしち》温泉（標高1400m）」、栃木県にある「奥鬼怒《おくきぬ》温泉郷（標高1500m）」、鹿児島県にある「霧島《きりしま》温泉郷（標高700m）」も山の景観美とワイルドで濃厚な温泉を楽しみつつ、心身が元気になったと実感できました。

水平線をぼーっと眺めながら

海の温泉ならば、青森県深浦町にある「黄金崎《こがねざき》不老ふ死温泉」。ここは、露天風呂が海から1mという近さで、鉄分を含んだみかん色の温泉を楽しみつつ、圧巻の絶景を楽しむことができます。晴天に恵まれた日の、あたり一面が黄金色に染まる夕暮れ時の景色は見事です。

また近年、海と温泉の浴槽が一体化しているような「インフィニティ温泉」が人気ですが、そのはしりとも言われ絶大な人気を集めている、兵庫県赤穂《あこう》市にある「赤穂温泉 絶景露天風呂の宿 銀波荘《ぎんぱそう》」（口絵Ⅱ参照）。ここは、瀬戸内海と空と温泉の一体感を体験することができ、瀬戸内海の水平線を望む絶景に感動しきりでした。

さらに、和歌山県那智勝浦町《なちかつうらちょう》にある「碧《あお》き島の宿 熊野別邸《くまのべってい》 中の島」または「ホテル浦島」。どちらも那智勝浦温泉で、送迎船で行くような場所にあるため、とことん非日常の時間を堪能できました。潮騒《しおさい》を聞きながら浸かる露天風呂で、ぼーっと海を眺めて気持ちも安らぎ、かなりリラックスできた海温泉でした。

慣れてきたら「連泊」に挑戦

ひとり温泉旅。湯旅時間をどうクリエイトするかも自分次第なので、アクティブに動き回るのもありだし、部屋にこもって気ままにゆっくり過ごすこともできます。そこで、同じ湯宿で二泊することによって得られる幸福感がとてつもなく大きいことに、私は数年前気づいてしまいました。

連泊すると、部屋をそのまま日中も使うことができるので、朝食を食べてゴロゴロ、起きたら温泉に浸かって昼食を食べ、お腹が満たされるとお昼寝をして、起きたら温泉地を散歩……なんてことが許されてしまいます。

日常でこんな生活をしたら背徳感しかありませんし、周囲の人にも心配されてしまうかもしれません（笑）。でも、温泉宿での連泊時の過ごし方としてはアリ、いや、アリどころか大正解なのです。

この幸福感で満たされるようなわがままな時間は、連泊だからこそ味わえるものだと思います。

「連泊沼」にどっぷり浸かる

かくいう私も数年前までは、日帰りや一泊二日で温泉地へ出向き、ハンターのように次々と新規宿との出会いを求めていました。温泉ジャーナリストという仕事柄もありますが、どうしても見知らぬ世界の扉を開けたい気持ちゆえ、よかったなあと思う湯宿と出会っても、リピートは後回しになりがちに。また同じ地域に二泊するにせよ、宿は変えるということがほとんどでした。

意識が変わったきっかけは、コロナウイルスの流行でした。

これまで日帰り入浴を受け入れていたところも宿泊者限定となり、動きたくても行ける場所が限られるようになってしまったことで、一つの湯宿をじっくり味わい尽くしたいという気持ちに変化したのです。

部屋と温泉だけ。にもかかわらず、多大なる贅沢感が得られることを知ってしまった私は、二泊三日での連泊沼にどっぷり浸かってしまいました。

二回も同じ湯宿に泊まる、ストレスフリーなプチ滞在保養旅行。最近は山奥や秘湯の地でもWi-Fiを使えるところがだいぶ増えたので、動画配信サービスでドラマや映画をひたすら見る時間を作ることもできます。

もちろんここまで述べてきたように、ひとり温泉旅初心者の方には、日帰りや一泊二日のひとり温泉旅をオススメします。

ただ、慣れてきたら、ぜひ二泊三日に挑戦してみてほしいのです。

今まで経験したことがないほど、自分の心と身体に向き合う時間が生まれると思います。ひとり温泉旅にこそ、連泊がオススメなのです。

第3章

さあ、温泉宿で何をする？

――食う寝る浸かる……「ひとり」ならではの過ごし方

短く、何回も、湯に浸かる

前章では、「ひとり温泉旅」に出発する前に知っておいてほしいことを紹介しました。本章では、実際に宿に着いた後、「ひとり」の利を最大限享受する温泉地での過ごし方についてお話ししていきたいと思います。

私は温泉が好きすぎるからなのでしょうが、温泉がある宿を選んだとしても、日帰り入浴で違う宿の温泉に入りたいと思うほど、常に湯に浸かっていたいという気持ちがあります。

でも、おそらく多くの方は、温泉は宿で1回、もしくは2回入れば十分だと思っているでしょう。私の友人や家族も、お風呂として入るものが温泉なのだからと、何度も入浴することはしないのだそうで……。

せっかくの温泉旅。温泉に入るために来たのに、1回ではもったいないなあと思ってしまうのは、私だけでしょうか。

たしかに、温泉に関する資格取得時の講習によると、同じ温泉の入浴回数による効果はあまりないとされています。ただ、あくまでも個人的な意見ではありますが、温泉によっては（炭酸泉や芒硝《ぼうしょう》の硫酸塩泉など）、数回入ることで身体になじむ感覚が得られ、効果が出やすいことを実感しています。

これらを踏まえて、私がオススメしたいのが、温泉地のいろいろな温泉をめぐる「はしご湯」です。複数の湯に入ることで、それぞれの泉質の違いを感じることができ、一段と温泉の効果を楽しむことができるようになります。この「はしご湯」については、後ほど詳しく紹介しますね（93ページ参照）。

「湯あたり」は旅の天敵

ただ、何回も湯に入るということは、それだけ「湯あたり」してしまう危険性が高くなるということです。

実は、泉質によっては湯あたりしやすいものがあります。それは、「酸性泉」「硫黄泉」「放射能泉」の三つだと言われています。

これらの泉質の湯は、効能が高いものの刺激が強いので注意が必要になります。しっかりとした水分補給やビタミンCの摂取、さらには十分な休憩を取りながら、安全に入浴したいものです。

さらに、湯あたりやのぼせ防止にいいとされていることがあります。それは「頭にタオルをのせること」です。

テレビなどで、温泉や銭湯でおじさまが頭にタオルをのせている光景を見たことがありませんか？　これ、実はタオルや手ぬぐいが邪魔だから頭にのせているのではなく、ちゃんとした理由があります。

温泉入浴中は、身体が静水圧という圧力を受けて血液が頭に集中しやすくなり、のぼせやすい状態になります。そこで、冷たいタオルで頭を冷やすことで、湯あたりを防ぐことができるというわけです。つまり、頭にのせるタオルや手ぬぐいは、冷たい水でぬらすことが一般的なのです。

冬場の露天風呂には、温めたタオルを

のぼせ防止には冷たいタオルがオススメですが、一方で温めたタオルが有効な場合もあります。

冬場の露天風呂は、身体は湯で温まる一方で頭が冷えた状態になり、その温度差から、血圧の急上昇や脳貧血を起こしやすくなります。その対策として、冬場の露天風呂などで温めたタオルを頭にのせることは、とても有効だとされているのです。

また「立ちくらみ」を起こしやすい人も、温かいタオルが有効です。立ちくらみとは、全身の血のめぐりがよくなる一方で、頭の血液が不足する脳貧血の状態のこと。つまり、タオルで温めておくと、頭の血管を広げておくことができるわけです。

宿の温泉に浸かっていると、1回の入浴が長い方も結構見かけます。ぬる湯の場合は別ですが、湯あたりすることなく快適な旅時間を過ごすためにも、一度の入浴で長時間浸かるより、分割して短い時間で何回か入るようにしましょう。

他人の目が気にならない「穴場の時間」

のんびりとくつろぎたい温泉時間。できることならば、あまり人がいないときに入浴をしたいものですが、土日や休前日は特に夕方近くになると温泉が混んできます。

日帰り入浴であれば、夕方以降は地元の方も多く訪れますし、温泉宿だとやはり「夕食前に温泉に入っておきたい」と思う人が多いからか、よく混みます。そうなると、ゆっくり温泉に浸かることが叶わず、さらにカラン（蛇口）も埋め尽くされて、シャワーすらも浴びれないという事態に出くわすことも少なくありません。

実は、「ゴールデンタイム」というわけではありませんが、温泉にも穴場の時間というものがあります。

私の経験上、特に温泉が空いていると感じる時間をまとめてみました。

《空いている時間帯》
・10～11時（日帰り入浴の場合）
・正午～13時（日帰り入浴の場合）
・チェックイン～16時（宿泊時）
・朝食後～チェックアウト直前（宿泊時）

穴場の時間を目指して、早朝出発

私が温泉旅に出かけるとき、例えば一泊二日の湯旅の場合だと、朝早くに出発して午前中からお昼にかけては積極的に温泉に入ります。朝早くから営業している温泉の場合、朝風呂ファンも結構いらっしゃるので、朝は朝で利用者が多くなります。その朝風呂の方々が出ると思しき時間帯、10時くらいであれば、かなり空いていることが多い印象です。

朝の温泉は魅力的です。お昼前くらいであれば、まだまだ温泉も劣化が激しくないので、泉質による効果効能を実感することができます。実はこの10～11時は、私が一番オススメしたい時間帯です。

さらに、12時になると温泉を利用する方がだいぶ少なくなります。比較的ガラガラになりがちで、温泉をひとりじめできる時間が生まれます。

ギリギリまで、湯に浸かっていたい

宿泊時ならば、浴場の清掃時間にもよりますが、10時チェックアウトならば、9時すぎくらいの時間が空いている傾向にあります。

チェックアウトの準備をしている人が多いということと、朝食前に入ったらもう温泉は十分だと思う人が多いからか、この時間も空いていることが多いです。

ただし、温泉が魅力でリピーターが多い宿になると、「最後の最後まで湯に浸かりたい」と考えることはみな同じで、チェックアウトギリギリまで温泉に浸かっている人がたくさんいたこともありましたが……。

他人の目を気にすることなく、ゆっくり温泉に浸かりたい方は、ぜひ紹介した穴場の時間を狙ってみてください。

温泉を比べる「はしご湯」のススメ

温泉愛好家は泉質のポテンシャルに魅せられて湯めぐりをするので、「はしご湯」は当たり前のようにしていますが、一般的には一湯旅につき一湯、それも宿の温泉だけという方が多いのではないでしょうか？

温泉の知識がまだなくて、なんとなく温泉っていいなあと思っていた頃の自分を振り返ってみても、日帰り入浴に一つ入れば十分満足していた時期がありました。そのため、入浴回数は多くなくて十分だという感覚も理解しています。

もちろん、朝から暮れまでひたすら温泉三昧はやりすぎかもしれません。ただ、せめて湯宿の温泉プラス1、2か所の温泉に入ることを強くオススメしたいのです。

私自身も利き酒ならぬ「利き湯」で、さまざまな温泉を比べてきたことで、好みの温泉のタイプや湯のコンディションの違いを次第に理解できるようになりました。湯が持つ個性や特徴などを知ると、自分の健康状態に合った温泉を選んで入ることができるようになります。

すると、さらに温泉が愛おしくなるもの。ただなんとなく湯に浸かっていたときよりも、断然ひとり温泉が楽しい時間になりました。

東はシルク、西はエメラルド

同じ地域では泉質が同じになる傾向はあるものの、湧出先からの距離や宿の湯使いで、まったく別物のように感じられます。中には、すぐ近くの隣同士であっても、泉質がまったく異なる不思議な温泉地にも出会ったことがあります。

宮城県鳴子《なるこ》温泉郷にある「東多賀《たが》の湯」と「西多賀旅館」も、そのうちの一つ。「東多賀の湯」では、乳白色でまるでシルクのような弱酸性のやわらかな浴感の湯が、「西多賀旅館」では、惚れ惚れするほど美しいエメラルドグリーンのにごり湯でサラサラな浴感の湯を楽しむことができます（口絵Ⅳ参照）。温泉の奥深さや神秘さを感じた、思い出の温泉地です。

「客室風呂付き」の魅力に気づく

客室風呂付きの部屋にて、チェックインからチェックアウトまで、好きなときに好きなだけ湯に浸かることができる自由さはとても贅沢です。密は避けられるし、人目を気にせずに湯浴みができる……。そんな客室風呂の素晴らしさに、コロナ禍でのひとり温泉旅で気づいてしまいました。

コロナ流行前も、誰かと一緒に客室風呂付きの部屋に泊まることはありましたが、やはり入浴は相手に気を遣ってしまうもの。同行者の気持ちをうかがい、躊躇してしまったこともあります。

でも、ひとりではそんなことは気になりません。それどころか、夜中でも早朝でもいつでもすぐに湯を楽しめて、湯上がり後はすぐにベッドやお布団で横になれる……。ひとり旅だからこそできる楽しみ方でしょう。

客室風呂は、源泉かけ流しがいい

ひとり泊だと全国各地の温泉宿を見ても、客室風呂付きの部屋に泊まれる場所は少なく、金銭面でのハードルが上がってしまうことも事実です。

特に土日や休前日だと、そもそもひとり泊を受け入れていないところもありますし、客室風呂付きの宿泊予約ができても、ほぼ2人分の料金に近い金額になってしまうところもあります。

ただ、最近のOTAはひとり泊設定ができるようになっており、地域を選べば、ひとりの予約を受け入れてくれる温泉旅館やホテルが出てきます。クチコミもあわせて下調べをしておけば、「思っていた客室風呂と違う」というミスマッチが防げるかもしれません。

私自身が客室に温泉があるところを選ぶとき、こだわるポイントは「源泉かけ流しの温泉であるかどうか」ということ。やはり、せっかく客室に温泉がついているところに宿泊するのなら、鮮度のいい湯を浴びたいものですよね。

かけ流し……じゃないんですか！

私は頻繁に温泉旅館に泊まるので、できるならばコスパのよさが感じられるところを探しがちです。ただ、あこがれの湯宿にて、ときには奮発することもあります。

三年ほど前になりますが、人気温泉地にオープンした、とある温泉旅館。オープン直後を予約して行きました。

そこはよき源泉がザクザク湧いている温泉地。ここなら外さないだろうし、部屋でたっぷり湯浴みができたらいいなと期待し、少し奮発して客室露天風呂付きの部屋を選びました。

しかし、オープンしたばかりだったためか、事前の情報が少なくて……。奮発したにもかかわらず、なんと客室風呂は温泉を利用しておらず、白湯《さゆ》だったのです。

客室風呂は私がこだわる点ではあるものの、事前のリサーチ不足を悔んだ経験もありました。

「貸切風呂」は湯の質がいい⁉

みなさんは、温泉旅館に大浴場だけではなく「貸切風呂」がある場合、積極的に利用しますか？　貸切風呂は別途料金がかかってしまう湯宿も多いので、かなり悩ましいところだと思います。

貸切風呂は大浴場と比べると、こぢんまりとしたサイズであることが比較的多いのですが、例えば湯守《ゆもり》（温泉の管理人）がいて源泉かけ流しにこだわっているところだと、大浴場よりも鮮度やコンディションのいい湯を体験できることが多いです。

特に温泉愛好家たちは、源泉かけ流しである小さめなサイズの貸切風呂が大好物。小さな湯船で、すぐに浴槽の湯がオーバーフローして入れ替わるような温泉を楽しみたい気持ちがあるのでしょう。

また心理的な面でも、知らない人と入浴することのストレスがなくていいと感じています。客室風呂と似たような感覚ですね。ちなみに、貸切風呂のことを、特に九州などでは「家族湯」「家族風呂」と呼ぶことが多いです。

露天風呂で大自然をひとりじめ

「貸切風呂」「家族風呂」で特に印象に残っているところは、まず北海道八雲町《やくもちょう》にある「銀婚湯温泉《ぎんこんゆ》」。9万坪の敷地に七つの隠し湯があり、自然豊かで遊び心満点の野天風呂《のてん》が点在しているので、温泉の入り比べを楽しむことができました。なかでも、一番人気があるのは「トチニの湯」（口絵Ⅱ参照）。新緑と紅葉の時期が特に素敵で、自然美の絶景露天風呂が叶います。

熊本県小国町《おぐにまち》にある「小国のオーベルジュわいた館」でも、記憶に深く刻まれるほど感動的な貸切風呂に出会うことができました。五つある貸切風呂のうち、特に「天空の湯」（口絵Ⅱ参照）では、雲海《うんかい》（180ページ参照）に浮かぶフォトジェニックな絶景を眺めながら、保湿をサポートする〝メタケイ酸〟を多く含んだコバルトブルーの天然温泉で湯浴みができて、眼福なひとり時間でした。

温泉宿のお茶とお菓子は入浴前に！

温泉旅館に泊まるとき、部屋にお茶のセットとご当地銘菓や和菓子が置いてあることが多いのですが、これらはただ「旅館からのおもてなし」として置いているものだと思っていませんか？

もちろん、その意味合いがゼロというわけではありません。たしかに、その土地の銘菓や地元の老舗《しにせ》店の商品、宿オリジナルのお菓子が置いてあることもあり、宿の売店で実際に販売している場合であれば、試食という意味がないわけではありません。

しかし、これにはしっかりとした理由があります。

実は、入浴前にお茶とお菓子を食べることは、旅の疲れを癒し、入浴のための準備運動として安全な温泉入浴を叶える役割を果たしてくれているのです。

「早速、ひとっ風呂」の前に……

温泉入浴は自宅の風呂とは違い、さまざまな成分が溶け込んでいるため、私たちが思っている以上に体力を消耗します。

例えば42度の温泉に10分間入浴をすると、ウォーキングを10分したときと同等のカロリーを消費すると言われています。もちろん泉質によっては、それ以上にカロリーを消費するものもあります。もし、空腹の状態で入浴をしてしまうと、貧血状態になったり、最悪の場合は低血糖を引き起こしてしまったりする危険性もあるのです。

温泉宿に着いたらすぐに温泉に向かいたいという気持ちがあるかもしれませんが、お茶で適度な水分とビタミンCを補給し、お菓子で糖分を摂取して血糖値を上げることで、安全な入浴を叶えることができるというわけです。

一説によると、温泉入浴前のお茶はカテキンの吸収が7倍にもなるのだとか。

せっかくの温泉旅。ゆっくり、心身を癒しにきたのに、温泉に入って具合が悪くなってしまうのは残念だし、もったいないですよね。ぜひ、積極的にお茶とお菓子を入浴前にいただくことをオススメします。

ただし、お菓子はほどほどに。いろいろと食べすぎた直後の入浴は、逆に消化不良を起こしてしまうかもしれませんので。

忘れられない地元の銘菓

数多くの宿泊経験をしてきた中で、部屋のお菓子が忘れられないほど印象的だった湯宿がいくつかあります。

一つは、伊豆熱川温泉にある「自家源泉 おもてなしの宿 みはるや」。チェックイン後は別室に移動して、宿帳を書いたり館内の説明を聞いたりするのですが、そこでいただいた地元名物ニューサマーオレンジの餡《あん》をはさんだ最中《もなか》がとてもおいしくて……。チェックアウト時に自分用の土産《みやげ》として買って帰り、自宅でもお茶とともにじっくり味わいつつ、湯旅の余韻を楽しみました。

二つ目は、大分県別府市にある「SHARE HOTEL 198 BEPPU」。住宅をリノベーションしたこぢんまりサイズの温泉宿ですが、おもてなしやサービスが素晴らしかったのを覚えています。部屋のテーブルには、容器いっぱいのお菓子。バター風味のビスケット生地でラムレーズン入りの餡を包んだ大分の銘菓「ざびえる」や、かぼすジュース、ゴディバのチョコレートまで置かれていました。さらに、自由にお茶をいただくことができたので、ビタミンCの摂取、水分や糖分の補給をしっかりしてから入浴することもできました。

　また、長野県上田市の温泉に行くと、ほとんどの湯宿で提供される「みすゞ飴《あめ》」や、箱根の名旅館でいただくことが多い老舗菓子店の「湯もち」の味も忘れられません。地元を代表する銘菓で、湯宿でいただいて以来、すっかりファンになりました。

「地酒」で土地の日常を味わう

「行きたいときに、行きたいところへ行く」ことこそ、ひとり温泉旅の魅力です。せっかく湯旅へ出かけたのならば、最大限にその土地を味わい尽くしたいもの。

私はお酒を飲むことが大好きなので、旅先では積極的に地酒をいただきます。温泉宿の食事とペアリングしたり、温泉街にある酒場へ出向いたり、街の酒屋で地酒を購入したり……。温泉だけではなくお酒からも、旅先の土地ならではの風土を感じることができるのです。

そもそも地酒とは、その土地でできるお酒のことを指します。日本酒、焼酎、ウイスキー、ワイン、クラフトビール、最近ではクラフトジンもだいぶ増えてきました。

地酒の魅力は、その土地の米や水を原料としているところです。さらに、土地の気候の影響も受けるので、土地の個性が色濃く出ます。旅先でいただく地酒のおいしさは格別で、日常で味わうお酒とはまったくの別物に感じられます。

特に、醸《かも》している人がその土地で生まれ育った方である場合、幼少期から土地の味覚が刻まれているからだと思いますが、理屈抜きで、その土地の郷土料理や地元メシとぴったり合うのです。

日本酒好きが高じて「唎酒師」に

なかでも私は、特に日本酒を旅先で選びがちなのですが、各地にある日本酒を味わい尽くしたいがゆえ、10年以上前に日本酒の資格「唎酒師《ききさけし》」を取得しました。2019年には別の協会になりますが、日本の蔵との結びつきが強く、海外にも拠点を持つＪＳＡ（ジャパン・サケ・アソシエーション）で「ＳＡＫＥ ＥＸＰＥＲＴ®」を取得。さらに2022年には、ＪＳＡにて日本酒資格の認定講師になりました。

新しい味覚の体験、おいしい日本酒との出会いは、いつまでも記憶に残ります。日本酒のことがわかると、さらに旅をするのが楽しくなり、湯旅の満足度が一段とアップしました。行ける範囲で、宿の近くにある酒蔵へ行ったこともありました。

地元愛溢れる、温泉街の酒場へ

また、温泉街をそぞろ歩きして、地元の方御用達《ごようたし》の酒場を見つけて、その土地の居酒屋で日本酒をいただくこともあります。

有名な温泉地には多くの酒場がありますが、こぢんまりした温泉街でもその土地ならではのいい店があるので、見つけられるとうれしいものです。地元愛がたっぷりあり、その土地の魅力を伝えている居酒屋や角打《かくう》ちを見つけると、ついスルーできずに立ち寄ってしまいます。

ひとりだと気恥ずかしいこともありますが、酒場のマスターがフランクに話しかけてくださることが多く、その土地のエピソードを地元の方の目線から知ることができます。こういう時間も幸せで、かなり心も満たされます。

旅人と地元民を結ぶ場所。マスターが常連さんと会話を繋げてくれることもあり、乾杯するといつの間にか打ち解け、気づけば仲よしに。もちろん、地酒も土地の旬の食事もおいしいので「またあのお店に行きたいから、この温泉地に行こう」と、ひとり湯旅の目的になることもあります。

改めて思い返してみると、地元愛が溢れて地酒がとてもおいしいお店は、比較的こぢんまりとした湯治場に多いかもしれません。

私は鳴子温泉（宮城県）や、肘折《ひじおり》温泉（山形県）、小野川温泉（山形県）、渋《しぶ》温泉（長野県）にお気に入りのお店があります。その酒場に行きたいから湯旅に出かけることも、最近はだいぶ増えてきました。

「地元メシ」が愛おしすぎる！

温泉とグルメ。日常から離れた旅をするからには、その土地を味わい尽くしたい。地酒もそんな気持ちから楽しんでいるのですが、「地元メシ」「ローカルフード」「B級グルメ」も同様に思い出として刻みたいもの。旅先の人気店には必ず行きたいと思っています。

もちろん、地元メシやローカルフード、旬のご当地食材は温泉宿でも提供されることが多いです。それらも十分に味わい深いのですが、やはり発祥の店や地元の人気店で食べる思い出は格別でしょう。

最近ではSNSからも情報を拾えるようになりましたし、グルメサイトでも調べることができるので、旅の前には入念にチェックします。やはり、人気店は情報量もクチコミも多いので一目瞭然です。

忘れられない「ローカルフード」

これまでの湯旅で出会ったもので、「この温泉地に行ったら、ぜひ立ち寄って食べてほしい」と思う「地元メシ」「ローカルフード」をいくつか紹介します。

◆地獄蒸したまごサンドイッチ（口絵Ⅲ参照）／地獄蒸し®プリン
——別府・明礬《みょうばん》温泉（大分県）「岡本屋売店」

西の横綱・別府温泉では、明礬地区にある岡本屋売店にて、温泉の蒸気で蒸したたまごを使った「地獄蒸したまごサンドイッチ」が大人気です。

地獄蒸しとは、温泉から噴き出る高温の蒸気で蒸す調理法のこと。温泉のほどよい塩味が食材の絶妙なおいしさを引き出してくれます。たまごサンドイッチは地獄蒸しした卵2～3個を使用したもので、ふわふわのパンにはさんだたまごがかなりのボリュームです。

プリンもかなり人気で、セットで注文している人もよく見かけます。別府の熱い温泉で蒸したプリンは甘さが控えめで、苦みがきいたカラメルが絶妙なウマさ。やみつきになるおいしさです。

◆スープ入り焼きそば
——塩原《しおばら》温泉（栃木県）

塩原温泉の名物といえば、B級グルメ「スープ入り焼きそば」。その名の通りスープにひたした焼きそばですが、とても人気があります。

提供する店はいくつかありますが、巷《ちまた》では「元祖は『釜彦《かまひこ》』説」と「元祖は『こばや食堂』説」がささやかれています。この二大名店を食べ比べてみると、ストレート麺か縮れ麺か、スープを麺にかけるかスープに麺を投入するかなどの違いがあり、人によって好みが分かれます。ただ比較的、男性は濃厚さと香ばしさが強い「こばや食堂」派が多く、女性はさっぱり味の「釜彦」派が多い印象です。

◆瓦《かわら》そば

――川棚《かわたな》温泉（山口県）「元祖瓦そば たかせ」

山口県を代表する郷土料理「瓦そば」。熱々の瓦の上に茶そばや錦糸《きんし》たまご、牛肉などをトッピングしたもので、今では温泉宿でも提供されますが、発祥は川棚温泉に店を構えている「元祖瓦そば たかせ」の創業者が考案したものです。人気店なので長蛇の列ができていることが多く、やはり元祖のお店でいただく瓦そばの香ばしさは格別でした。

◆赤湯からみそラーメン

――赤湯温泉（山形県）「龍上海《リュウシャンハイ》」

山形県にある赤湯温泉に行く機会があれば、温泉街にある名物ラーメン店「龍上海」はぜひ行ってください。かなり人気があり、平日でも並ばないと入れないほど。赤湯温泉に行ったときはもちろん、近くの蔵王《ざおう》や米沢界隈の温泉に行ったときでも、必ず立ち寄るお店です。

特製の辛味噌がのった、こってり味のスープが縮れ太麺によく絡み、やみつきに。定番の「赤湯からみそラーメン」も最高なのですが、期間限定の「からみそ冷やし中華」のほどよくきいた酸味が絶妙で、すっかりファンになってしまいました。

◆季節の果物を使用したスイーツ(口絵Ⅲ参照)
——大鰐《おおわに》温泉(青森県)「シュバルツバルト」


青森県大鰐町。津軽の奥座敷として古くから親しまれている「大鰐温泉」に、ドイツの伝統菓子が食べられる、知る人ぞ知るスイーツレストランがあります。その名も「シュバルツバルト」。

季節のフルーツや食材を活かしたスイーツが美しく、芸術的。青森特産のリンゴを使ったタルトは感動的な味わいでしたし、もちろんドイツの伝統菓子も絶品で、強く印象に残っています。

「新しい味覚」を追い求める旅

これまで数多の温泉宿に泊まってきましたが、リピートしたくなる湯宿というものを今一度考えてみたら、宿でいただいた食事に感動して、胃袋をすっかり掴まれたところばかりだと気がつきました。地元メシもそうですが、味覚は記憶の深くに刻まれやすいのでしょうか。

やはりその土地、その宿でしか味わうことができない唯一の味は魅力的です。海がすぐ近くの宿は鮮魚が抜群においしいし、山中の宿だと春は山菜、秋はきのこ、場所によっては国産の松茸《まつたけ》をいただくことができます。季節の旬の食材、ご当地食材との出会いも温泉旅の醍醐味でしょう。

ひとり温泉旅は、なおさら食べることに集中しがちになるので、じっくりおいしいものを味わい尽くしたい気持ちが一層強くなるのかもしれません。

旅をするまでは知らなった、その土地に昔から伝わる郷土料理との出会いも忘れられません。宿メシの定番である和洋折衷の懐石料理より、ごく日常の郷土料理こそ心に響くものがあると思います。

新潟県の温泉旅館でよく出される具だくさんの「のっぺい汁」や福島県の「こづゆ」、山形庄内地区でたけのこの時期になると出てくる「孟宗汁《もうそうじる》」などは、その土地ならではのホッとする味です。

さらに、宮城県鳴子温泉郷にある「赤這《あかばい》温泉 阿部旅館」では、いつ行っても若女将の旬を活かしたおいしい手料理をいただくことができますが、特に10月限定の鮭《さけ》とイクラをふんだんに使った郷土料理「はらこ飯」は絶品です。

トウモロコシを求めて青森県へ

また、地元ならではの料理は、食材の「鮮度」が違います。たとえ日常的に食べている食材だとしても、湯宿で食べられるものは見た目から味まで、何もかもが別物です。この違いも、ぜひ楽しんでほしいと思います。

まず、ウニやホヤがそう。

実は、私はどちらも苦手の食材でした。でも、東北の三陸地方で鮮度抜群のウニを食べて本来の味を知り、すぐに大好物となったのです。

好みすらも変えてしまうとは……。恐るべし、鮮度。

あと埼玉県で生まれ育った私は、新鮮なイカはスケルトンみたいに透明だということを、大人になってから知りました。食感もこれまで食べていたイカとは違ってコリコリしており、初めて口にしたときの感動は今でも覚えています。


野菜ですぐに浮かぶのは、トウモロコシ。

旬の夏ごろになると山梨県の温泉旅の帰りに「きみひめ」、静岡県では「甘々娘《かんかんむすめ》」、青森県では岩木山《いわきさん》の麓《ふもと》で販売される「嶽《だけ》きみ」を必ず買って食べます。新鮮なトウモロコシって、本当に甘さが違うんですよね。最近では、トウモロコシを求めて青森県へ出かけるほどに。

新鮮なご当地食材を楽しむために旅へ出る……この自由さこそが、ひとり温泉旅の真髄ではないでしょうか。

有名温泉地は、ひとり旅でも大丈夫？

ひとり温泉旅デビューを飾るときは、失敗したくないもの。そのため、第2章でも語りましたが、こぢんまりとした素朴な温泉地にある小宿で、じっくりとよき湯を堪能して過ごすことがオススメではあります。

ただ、草津温泉や熱海、箱根といった人気温泉ランキングで上位に入るような有名温泉地に行きたいときもあるでしょう。

それでは、有名温泉地は、ひとりに向かないので避けるべきなのでしょうか？

結論から申し上げますと、私は有名温泉地もひとり旅に適していると思っています。

ただし、宿選びは慎重にしたいところはありますが。

なんか、見られてる……かも？

有名温泉地でひとり旅をするとき、避けたいポイントは、

・夕食も朝食も広い食事会場で、ビュッフェスタイルであるところ
・大浴場がものすごく広くて、ガヤガヤしがちなところ
・100室以上客室があるような大規模旅館であるところ
・食事処が個室でなかったり、パーテーションで区切られていないところ

なんとなく宿泊料金や立地のよさだけで宿を選んでしまうと、居心地が悪くなってしまう場合があります。これまでの経験上、特に食事会場や提供スタイルは大事なポイントです。食事中はリラックスしたいのに、どこか落ち着かず、逆に疲れてしまったことも……。

大浴場だけではなく貸切風呂があるところや、部屋食がある湯宿であれば、ひとり

旅でも過ごしやすいと思います。ただ、大規模な旅館だとどうしても収容人数が多い分、共有スペースは混雑しがちです。

有名温泉地では、ゲストハウスもアリ

有名温泉地でひとり旅をする場合、最近ですと、温泉が付いたゲストハウスに泊まるという選択肢もあるように思います。

別府や熱海、箱根では特にゲストハウスが増えてきました。ゲストハウスの多くが新規で建てられたものではなく、以前は企業の保養所として使われていたり、小さな旅館や民宿として使われていたりしたところです。

食事は併設のカフェがあるところもあれば、持ち込み自由な素泊まりスタイルのところもあってさまざまですが、ひとり旅客も温かく迎え入れてくれます。そして何より、有名温泉地の割に、比較的安い価格で泊まれるのはうれしいものです。

さらに、インバウンド需要もあって海外の方向けに造られていることが多いためか、

どこのゲストハウスでもWi-Fi環境が整っていたので、快適に過ごすことができました。

箱根登山電車の終着点で

私もコロナ禍では、密を避けつつも温泉に入りたいという点と、リモートワークができる場所を確保したいという点から、有名温泉地にあるゲストハウスに積極的に泊まっていました。

なかでも、箱根登山電車の終点駅・強羅《ごうら》駅から徒歩2分ほどのところにある温泉付きゲストハウス「ＨＡＫＯＮＥ ＴＥＮＴ」は、こぢんまりとした湯宿でひとり部屋もあり、値段も一泊4000円台とリーズナブルなので、箱根ひとり温泉旅にはぴったり。何度かリピートして投宿していました。

併設されているカフェの窯《かま》焼きピッツアがとてもおいしく、温泉も貸切の内湯が二つもあり、ひとり気ままに湯旅を過ごせたいい思い出です。

第4章

心身が整うリフレッシュ旅へ

――「ひとり温泉」のとんでもない健康効果

※本章は温泉医学の専門家である前田眞治先生に内容を監修いただきました。一部、著者の感想も含まれております。

疲れがほぐれる「温冷交互浴」

温泉入浴で日頃の疲れを取りたい、とことんリラックスしたい――。

そんなときは「温冷交互浴」ができる場所を選んでください。

「温冷交互浴」とは文字通り、温かい湯に浸かる温浴と、ひんやりとした冷たい温泉に浸かる冷浴を交互にすること。実は、ヨーロッパでは古くから温泉療法の一つとして行なわれてきたものなのです。

温冷交互浴のメリットは、温冷刺激を交互に与えることによって血液の循環がよくなり、末梢《まっしょう》血管（足や腕の血管）が拡張し、筋肉痛を引き起こす「ブラジキニン」などの発痛物質が体外に排泄《はいせつ》されやすくなることです。これにより疲労回復効果、または自然治癒力を引き出す効果がかなり期待できます。

私は、この温冷交互浴を2、3セットほど行なうことで、身体のコリや疲労が消え去ることを実感してきました。

源泉そのままの水風呂がベスト

温冷交互浴を繰り返すだけで、自然治癒力が高まって疲労回復も叶うのならば、利用しないのはもったいない……とはいえ、温冷交互浴はどこの温泉でもできるものではありません。

最近では「温冷交互浴」というワードも世間に浸透してきたので、ネット検索をすると、宿もだいぶヒットします。ただ、その中でも選ぶポイントを挙げるとするならば、そもそもの源泉温度が低い温泉地を探してみてください。ひんやりと冷たい源泉をそのまま水風呂として使用していることが多いため、かなりオススメです。

ちなみに23ページで「温泉」の定義について述べましたが、成分規定量の条件のみを満たした、25度未満で療養効果のある物質を含んだものは「冷鉱泉」と呼ばれています。

火山活動が活発ではない地域の温泉地は、源泉温度が低い傾向にあります。東京都内や埼玉県などには温冷交互浴ができる温泉が多いので、東京近郊に住む方であれば、普段使いの温泉としても利用することができます。

長野県が恋しくなる

でも、転地効果もあるため、関東から離れて温冷交互浴ができる場所を選びたくなったとき、私は長野県や山梨県に行きます。

長野県木曽の「桟《かけはし》温泉旅館」。ここは、源泉温度が13度の単純二酸化炭素冷鉱泉と加温したポカポカの温泉が隣に並んでおり、温冷交互浴を思う存分繰り返すことができるため、疲れが溜まっているときにかなり恋しくなる温泉旅館です。

ここの源泉は13度でひんやりしていますが、二酸化炭素泉は体感温度が2度ほど上がるらしく、炭酸ガス特有のピリピリ感もあり、じわじわ血のめぐりがよくなっていくことを実感します。この冷鉱泉を加温した湯は黄土色をしており、鉄分もミネラルも豊富。ずっと浸かっていると疲労感が出てきますが、交互浴であれば永遠にループしたくなる至極の温泉です。

日帰り入浴でも利用できますが、可能であれば宿泊でたっぷり温冷交互浴を楽しみたいところ。宿の食事は地元の食材を使った懐石料理で絶品。ひとり客にも温かく、女将さんや若旦那のおもてなしがかなり心に刺さった湯宿でした。

夏になったら山梨県へ

そして山梨県にも、源泉温度が低い冷鉱泉を活かした温泉宿が多数あります。いくつかお気に入りの湯宿はありますが、ひとり温泉旅にも向いていて、存分にひんやり温泉を堪能できたのが、山梨県甲州市にある「塩山《えんざん》温泉 宏池荘《こうちそう》」。

塩山温泉は南北朝時代、臨済宗・向嶽寺《こうがくじ》の開祖である抜隊得勝《ばっすいとくしょう》禅師が塩ノ山《しおのやま》の麓で発見したといわれる、歴史ある温泉です。

なかでも宏池荘は、pH10超えの強アルカリ性の冷鉱泉をあますところなく堪能できる湯宿です。ひんやりとした源泉に浸かり、保湿美容液のようにトロトロした浴感を味わうことができます。ただ、強アルカリ性なので入浴後の保湿ケアは忘れずに。

猛暑時は、まさにオアシス！　カランやシャワーに源泉を使用しているところも、温泉好きにはたまらないポイントです。

　この上ない清涼感と、湯上がり後の爽快感がたまらない夏向き温泉で、ひとり客も温かく迎えてくれるので毎年リピートしたいところではありますが、ここのところ夏場の予約が取りにくい人気宿となっています。

　土曜日を避けた平日であればビジネスプランがあり、一泊二食付きを1万円以下で宿泊できるほどリーズナブル。ビジネスプランとはいえ、宿の食事は季節の天ぷらのほか、山梨県で見かけることが多い馬刺しなど、種類も豊富でコスパのよさを感じた温泉宿でした。

前田先生のワンポイント解説

　まず**温かい湯に4～5分間**浸かって血管を開き、次に**やや冷たい水に1分くらい**入浴して血管を収縮させ、これを3～5回繰り返して、**最後は温かい湯で終わりましょう**。血管が開いたり閉じたりすることで、自律神経が刺激され、血液循環をよくしたり、リラックス効果が得られたりします。

そもそも「美肌の湯」って何？

温泉の魅力をメディアで伝えるとき、「美肌の湯」という言葉を耳にする機会が多くなったと感じます。だいぶ、世間に浸透してきたのでしょう。でも、テレビ番組などを見ていると、「美肌の湯」を正しく伝えられていない場面も結構見受けられます。

改めて、「美肌の湯」とはどんな温泉なのでしょうか？

温泉の効果が正式に認められて適応症があるものは「療養泉」のみで、その泉質は10種類に分類されていることは、先にも27ページでまとめました。

そのなかでも、美肌の効果が高いとされているのが〝三大美人の湯泉質〟と呼ばれるもので、「硫黄泉」「炭酸水素塩泉」「硫酸塩泉」の三つ。ちなみに近年では、ｐＨの数値が高めのアルカリ性単純温泉や、保湿をサポートする〝メタケイ酸〟を含んだ温泉も、美肌効果が期待できると言われています。

〝三大美人の湯泉質〟の石鹸《せっけん》のような乳化作用により、皮膚の古い角質が除去されてツルツルした美肌に。過剰な皮脂も乳化されるため、美白にも近づきます。また泉質によっては、肌の蘇生効果や血行促進、保湿効果なども期待できます。

各泉質の主な効果を簡潔にまとめました。

◆**硫黄泉**

別名「美白の湯」。シミを薄くしたり、肌のトーンアップが期待できる。

◆**炭酸水素塩泉**

皮膚の乳化によって、古い角質や皮膚表面の汚れを落とす。

◆**硫酸塩泉**

コラーゲンの生成をサポートする。肌のハリや弾力アップが期待できる。

さらに、美肌の湯は、日本で古くから言い伝えられてきた歴史があります。そして、その美肌効果で多くの人々に愛されてきた「日本三大美人の湯」なるものも存在しています。

◆川中温泉（群馬県）

泉質は硫酸塩泉。源《みなもとの》頼朝《よりとも》の旗本であった重田四郎《しげたしろう》が療養した温泉だという伝説があります。「美肌の湯」と呼ばれるようになったのは、この湯に浸かっていた女性たちの肌が、白くてきれいだったことが理由だとも言われています。

◆龍神《りゅうじん》温泉（和歌山県）

泉質は炭酸水素塩泉。あの空海こと、弘法大師《こうぼうだいし》が開湯したという伝説がある美肌の湯です。

◆湯の川温泉（島根県）

泉質は硫酸塩泉。大国主命《おおくにぬしのみこと》との悲恋物語が残る八上姫《やかみひめ》が発見し、この湯で心身を癒し、温泉の湯で美しさがより磨かれたことから、美肌の湯として古くから言い伝えられています。

この「日本三大美人の湯」に共通している点は、弱アルカリ性で、皮脂や角質を「落とす」役割があること。そして、ナトリウムイオンやカルシウムイオンが含まれていることです。

出雲に秘められた美肌の湯

「日本三大美人の湯」の温泉地へ、もちろん私はすべてに足を運び、入浴したことがあります。なかでも、湯の川温泉がある島根県は「美肌県」としての取り組みを推進しており、大手化粧品メーカー「ポーラ・オルビスホールディングス」の研究所と美肌効果について研究を行ない発信しています。

その研究の素材で使われたのが、古《いにしえ》から美肌の湯として伝えられていた出雲《いずも》にある湯の川温泉で、「湯宿 草菴《そうあん》」の温泉を研究したところ、潤《うるお》いを与えながら健康的な美肌を保つことができる「バリア・オアシス温泉」であることが判明したのです。

実際に「湯宿 草菴」は、趣が異なる五つの貸切風呂で存分に硫酸塩泉を堪能することができますが、美肌の湯としてのエビデンスが加えられたことで、近年はさらに人気が高まっています。

美肌が叶う温泉を求めるひとり温泉旅もいいものです。湯の川温泉に浸かることができるのは「湯宿 草菴」だけではありませんが、より美肌効果を感じた思い出の温泉宿として、私の中では深く刻まれています。

前田先生のワンポイント解説

アルカリ性の石鹸で皮膚表面の角質や皮脂がなくなるように、数分入浴すると肌がなめらかになり、いわゆる「美肌」の肌触りになります。

ただ、**アルカリ性が強すぎると皮脂や角質を奪いすぎて肌が荒れる**傾向があるため、肌が心配な方には、**pH7・5~8・5程度の弱アルカリ性の単純温泉**が「美肌の湯」としてオススメです。

世にも珍しい「植物由来」の温泉!?

「モール泉」と呼ばれる温泉があること、ご存じでしょうか？

「モール」とは、ドイツ語で亜炭《あたん》などのことを指します。植物や落ち葉や海藻は地中で長い期間経過すると炭化し、のちに石炭になりますが、その石炭になる前の状態のものを亜炭といいます。この亜炭層を通過して湧出する温泉は、植物性の有機物を多く含んでおり、これを通称で「モール泉」と呼んでいるのです。

植物由来のモール泉は、ミネラルやアミノ酸、ビタミン、酵素が豊富に含まれているため、世界でも非常に珍しく、近年注目されている温泉の一つです。

実は、そもそもモール泉は療養泉に指定されておらず、これといった定義がありませんし、温泉分析表にもモール泉とは書かれていません。しかし、太古の時代に形成された亜炭層には、腐植物質である「フミン酸」や「フルボ酸」などが含まれていて、これが肌をツルツルにする作用があることから、高い美肌効果が期待できると言われているのです。

「北海道遺産」の奇妙な褐色の湯

基本的にモール泉以外の温泉は、湧出して空気に触れていないときは無色透明なものがほとんどで、酸化によってにごり湯へと変化していきます。

しかし、モール泉は、初めから褐色系の色をしているのが特徴的。色の濃淡は成分が多いかどうかで決まりますが、枯れ草やウイスキーを彷彿《ほうふつ》とさせるような、芳醇《ほうじゅん》で心地よい香りを持ちます。これまでの経験上では、アルカリ性に傾いたものが多く、泉質では炭酸水素塩泉、単純温泉、塩化物泉が多いように思います。

日本でモール泉が一番初めに発見されたのは、北海道の音更町《おとふけちょう》にある十勝川温泉で、20世紀初頭に名づけられました。世界で見ても1990年頃までは、北海道の十勝川温泉か、ドイツのバーデン＝バーデンの2か所でしか確認されていなかったほど稀少な温泉なのです。

北海道はモール泉を「北海道遺産」として指定していますが、モール泉を北海道で湯浴みできるのは、十勝地方と、千歳《ちとせ》市から白老町《しらおいちょう》、道東の一部地域のみ。そして実は、青森県の一部や福岡県の久留米《くるめ》エリア、宮崎県えびの市周辺から鹿児島県、宮城県東鳴子温泉、金沢市内などでもモール泉を楽しむことができます。

太古の植物を肌で感じる

モール泉は酸性泉や硫黄泉のように、湯が強すぎて肌がかゆくなるような副作用がないため、人を選ばず誰でも湯浴みすることができます。

さらにモール泉に含まれている「亜炭」には、抗菌作用や抗炎症作用、肌を引き締める効果があり、「フミン酸」には細胞を活性化し、皮膚の再生を促進する働きがあるとされています。

モール泉は循環や濾過に弱いという特徴があるため、源泉かけ流しの新鮮な湯でないと、モール泉の持つ芳醇な香りやスベスベ感、泡つきなどは半減してしまいます。つまり逆に言えば、芳醇な香りが楽しめるモール泉は、必然的に源泉かけ流しで天然保湿成分が多く含まれているということです。

太古の植物が長い年月をかけて作りだした、まるで化粧水のようなモール泉の尊さに、ぜひみなさんも触れてみてください。

前田先生のワンポイント解説

モール泉は植物由来の有機物を含むため、**保湿効果**もあって肌に潤いなどを与えることで知られています。日本では非常に珍しい温泉です。**東京の蒲田付近の「黒湯」**は、関東ローム層に堆積した植物から形成された「フミン酸」で黒く見えることで有名です。皮膚を再生増殖させる効果のあるアルカリ性の「ケイ酸ナトリウム」が多く含まれており、**肌によい作用をもたらす**とされています。

目と肌で楽しむ「にごり湯」の魅力

第1章でも少し触れましたが、「にごり湯」の魅力について、より深く紹介しようと思います。

温泉情緒が漂う「にごり湯」。にごり湯が好きだという方も、結構多いのではないでしょうか？

にごり湯が自慢の温泉地に近づくにつれ、だんだんと特有のにおいが強くなり、旅に出たことを実感するひとときは私も大好きです。普通の湯とは別物であることがわかりやすく、「遠い場所へ来た」「温泉が効いている気がする」「非日常を感じる」と、五感が刺激される部分もかなり大きいと思います。

「にごり湯」とひと言で言っても、さまざまな種類がありますが、多くの人がすぐに思い浮かべるのは乳白色のにごり湯かもしれません。

「乳白色の湯」で心身を癒す

そもそも、なぜ乳白色をしているのでしょうか？

日本温泉協会のホームページによると、白濁している温泉は、硫黄泉中に含まれる硫化水素が酸化する過程で生成された、硫黄化合物が要因になっているとされています。細かい硫黄化合物の粒子が温泉水中を浮遊しているため白濁して見え、硫黄化合物の濃度が高いほど、にごりが発生しやすい傾向にあるのです。

つまり、乳白色のにごり湯はそのほとんどが、硫化水素を含む「硫黄泉」です。温泉は湧出するときは無色透明であっても、地表に湧出すると温泉成分の酸化や圧力の変化によって着色します。にごり湯の色は、硫黄やカルシウムなどの含有成分の変化によるものなのです。

それでは、「硫黄泉」である乳白色のにごり湯には、一体どんな効果があるのでしょうか？

硫黄は皮膚に対して刺激が強く、肌の弱い人は肌荒れや炎症が生じやすいと言われているので注意が必要です。しかし、損傷された皮膚を治そうとする修復機転が働き、良好な皮膚を形成するとも言われています。硫黄泉も、使いようですね。
効能をまとめてみました。

◆美白効果

乳白色のにごり湯に含まれる成分が、シミの原因とも言われているメラニンの分解を促進する効果があり、入浴することで、肌のくすみやシミを軽減。肌のトーンアップも期待できる。

◆リラックス効果

見た目の部分で、心を落ち着かせるリラックス効果が高いので、日々のストレスで疲れた心身を癒すことができる。

ちなみに、にごり湯の種類の中でも、特に強烈なにおいがする草津温泉や蔵王温泉のような「酸性泉」も、敏感肌の方は少し注意が必要です。

強力な殺菌力は皮膚病にも効果があるとされ、これらは古くから湯治場として栄えた温泉地ですが、酸性度が高いほど肌への刺激が大きくなります。「人気の温泉地だし、温泉情緒を楽しみたいから」と、なんとなくひとり温泉旅に出かけると、人によっては肌がかゆくなったり、体調に違和感を覚えたりする人も少なくありません。

このように酸性度が高い温泉の場合は、浴場から上がるときに、シャワーやカランの普通の湯で身体を洗い流すことをオススメします。シャワーやカランで洗い流したとしても、温泉の効果がゼロになってしまうことはありませんので、ご安心を。

草津温泉は、人を選ぶ

人気温泉地ランキングで上位の常連「草津温泉」。

ファンもかなり多いですし、天下の名湯とも言われているので一度は行かれた経験がある方も多いかもしれません。しかし、先にも述べたように、肌への刺激が強いという特徴があります。草津温泉の酸性度の強さは、ほぼ胃液と同じとも言われており、

1円玉が一週間で溶けてしまうほどです。

肌が弱い方のためのアフターケアとして、周辺にある別の温泉地に立ち寄り、肌を整える「仕上げ湯」が大切です。強酸性泉の温泉の後に、弱アルカリ性の肌に優しい温泉に浸かることが、湯治場では古くから好まれていたようです。

そのため、草津温泉の周辺には「草津温泉の仕上げ湯」と呼ばれる温泉がいくつかあります。代表的なのは沢渡《さわたり》温泉や川原湯《かわらゆ》温泉ですが、そのほかの弱アルカリ性の湯が特徴的な草津周辺の温泉地も、実は「草津温泉の仕上げ湯」だと言われています。

成分が強いにごり湯の後には、ほかの湯を上手くあわせて、健康と美肌を維持したいものですね。

前田先生のワンポイント解説

湯の湧出直後の温度が高く、だんだん温度が下がっていくと、温泉沈殿物が出てきます。**その粒子が小さければにごりになったり、物質によっては光に対する反射性が変わるためににごりが生じたりします。**にごりが生じる要因を知ると、一段と効果も楽しめるのではないでしょうか。

好奇心を刺激する！　天然の「泥パック」

みなさんは、天然の「泥湯」温泉に入ったことがありますか？

泥なんて嫌だ、と思われる方もいるでしょう。でも、この「泥湯」とは公園の砂場や道端にあるような泥ではなく、「湯の花」と呼ばれる温泉の不溶性成分が濃縮された沈殿物、もしくは岩石や鉱石由来の「鉱泥《こうでい》」のことを指すのです。

世界的にも希少といわれ、実際日本においても10か所あるかないかで、年々その数は減少傾向にあります。


泥湯は、水を沸かしただけの白湯と比べて熱さを感じにくく、ゆっくり長く湯浴みをすることができます。成分も濃厚で浸透が早いため、過ぎる長湯は禁物ですが、じわじわ温まることで風邪をひきにくくなったり、免疫力のアップが期待できたりします。冷え性対策としてもうれしい温泉なのです。

また、天然の泥パックはむきたまごのようなツルツルの美肌に近づけてくれます。毛穴に詰まった汚れを除去してくれるのです。温泉の成分がよく浸透するので、これまでの経験から、入浴後は肌の色がワントーン明るくなり、肌の透明感が明らかに違うことを実感してきました。

泥湯も過ぎたるは、及ばざるがごとし

天然の泥湯は、日本だと多くは「硫黄泉」のものがほとんどです。

硫黄泉は皮膚への浸透が高く、気をつけないと湯あたりする恐れがあるので、長湯は禁物。10分ほどであがるのがいいと言われています。

出たり入ったりを繰り返すのが望ましく、休憩を入れつつ、ゆっくり浸かっても30分以内であがることをオススメします。

泥湯は、目に見えて毛穴の汚れがきれいになったり、肌のトーンアップが実感できたりするものですが、だからと言って、長くパックをしたまま放置するのは、逆効果なことも。泥が必要な油分や角質まで根こそぎとってしまい、まるで砂漠のようなカサカサした肌になってしまうので、泥パックは5分くらいにしましょう。過ぎたるは、及ばざるがごとしですね。

また、泥湯には鎮静効果があるとも言われていますが、その理由は全身が温まり、血流が促進されることで、発痛物質のブラジキニンが血流と一緒に流されるからです。筋肉痛や関節の痛み、リウマチ、腰痛、坐《ざ》

骨《こつ》神経痛などに高い効果を発揮すると言われています。

鉱泥浴の聖地・別府温泉

日本でも希少な泥湯の温泉。大分県別府市では、なんと3か所で鉱泥浴をすることができます。

一つは野湯なので、自己責任なところがあります。それを除く、お金を支払って管理されている入浴施設は「別府温泉保養ランド」「鉱泥温泉」の二つ。

代表的な泥湯は「別府温泉保養ランド」になりますが、ここのメインは混浴で、男女あわせて11もの浴槽があります。自然に囲まれた大浴場は特に広大で、雨上がりの田んぼを歩いているような……。少し不思議な、新感覚の温泉でした。

もう一つの「鉱泥温泉」は知る人ぞ知る温泉で、別府市内にある天然記念物「坊主《ぼうず》地獄」の敷地内にあります。

療養目的の温泉であるため、あえて観光客が行きづらい午前中だけに営業時間を設定しているほど。場所もかなりわかりにくいので要注意。誰でもお金を支払えば入浴することができますが、やはり湯治目的の利用者が多いので、静かに泥湯を堪能したいところです。

しっかり管理や清掃も行き届いており、泥湯のコンディションも素晴らしいですが、顔につけてはいけないとされています。初めての方は、入浴の方法を事前に確認しておきましょう。

ちなみに、この鉱泥温泉、患部や身体の悪いところに泥を置くと、泥が乾きにくくなります。実際、私は肩こりがひどいのですが、肩に泥をのせてみたら、ほかの場所に比べて乾きが遅かったのです。そして、泥を落とした後の肩の軽さたるや……。

鉱泥浴の効果をひしひしと実感した、別府温泉ひとり旅でした。

前田先生のワンポイント解説

泥湯は体に熱を伝える熱伝導度が小さいと言われ、なかなか体が温まらないのが特徴です。つまり、逆に**ぬるい泥湯なら長時間入浴してものぼせることがなく**、ゆっくりと体を芯《しん》まで温めることができるので、**肩こりや腰などの痛みを取るのには最適**です。

サウナ後の水風呂は「冷鉱泉」がいい

近年のサウナ人気により、以前より水風呂の気持ちよさに目覚め、「ととのう」感覚がやみつきになっている方も増えているように感じます。

ディープな温泉愛好家は、サウナに興味がないからスルーしがち。逆に、サウナ好きの方は「ととのう」ことを追求するようになり、温泉もセットで楽しむ人がじわじわ増えているな、と思います。実際、「サウナが好きになって、温泉も楽しむようになった」という方が増えてきていることを、さまざまな施設に行って感じています。

私の場合、温泉が大好きなのはもちろんのこと、サウナも大好き。もともとはあまり興味が薄かったサウナですが、あることをきっかけに好きになりました。

それは、温泉保養士（バルネオセラピスト）の資格を取得したことです。この資格は五年に一度の更新講習会があるのですが、そこでサウナはＮＫ（ナチュラルキラー）細胞を活性化させ、免疫力を高めてくれることを知りました。

そこからです。たしかに、プラシーボ（偽薬）効果もあるかもしれません。でも、自宅から徒歩で行けるスポーツクラブにサウナがあり、サウナに入る習慣ができてから、あまり体調を崩さなくなりました。

なんか、肌の調子がいいかも！

さらにうれしかったのは、ひとりでサウナを週三日以上利用するようになって、肌のトーンが確実に明るくなったことです。数人の友人と久しぶりに会ったとき「肌が明るくなったけど何をしたの？」と聞いてもらえるようになりました。

やはりジムのトレーニングと同じ感覚ですが、結果が出たり、他人から褒めてもらえたりすると俄然《がぜん》やる気が出るもの。それからは、サウナ中毒者だと思われても仕方がないくらい、時間があればサウナへ行くようになりました。

やはり旅先の温泉施設や旅館でも、あればサウナに入ります。温泉宿にあるサウナは、ミストサウナのミストに源泉が使われていたり、スチームサウナに源泉の水蒸気が使われていたりすることもあります。こういうのが、温泉好きの「サウナー（サウナ愛好家）」にはたまらないなあ、と。せっかく温泉にきたのだから、浴槽に浸かるだけではなく、サウナでも源泉を感じられるのは尊いものです。

サイコーに「ととのう」温泉宿

さらに、源泉温度が低いものをそのまま水風呂として利用している湯宿にサウナがあれば至高です。サウナでたくさん汗をかいた後に入る源泉の水風呂は、まさにご褒美。「ととのう」感覚を味わいながら、療養成分も浸透させることができる一石二鳥の体験です。

秋田県にかほ市にある「金浦《このうら》温泉 学校の栖《すみか》」。屋号通り、旧大竹小学校の跡地に造られた湯宿です。単純硫黄冷鉱泉で、源泉温度は13・7度。大浴場にはサウナ、加温された浴槽のほかに、冷たい源泉をそのまま使っている水風呂があります。私は宿泊もしたので、サウナと水風呂の無限ループをあますところなく堪能し、心身のリフレッシュが叶いました。

また、埼玉県秩父市にある「新木鉱泉《あらきこうせん》」。ここでも、冷たい源泉そのままの水風呂とサウナで「ととのう」ことができました。源泉温度は15度ほど。卵の白身のようにツルッとした浴感から、宿では「卵水《たまごみず》」と呼ばれており、ひんやりとした温度の心地よさだけではなく、美肌効果もだいぶ期待できると感じました。

前田先生のワンポイント解説

123ページにもあるように、湧出時の温度が25度に満たないものの、決められている温泉成分が一定以上含まれている温泉が「冷鉱泉」です。最近では、これを**サウナ入浴後の冷水浴として使うこともあります。**

温かいサウナで血管が開いて副交感神経系を優位にさせ、冷水浴で血管が閉じて交感神経系を優位にさせる……。これを繰り返すと自律神経が刺激され、**血管を開く副交感神経系が優位な状態になりリラックスできます。**心理的なストレスを取るにはよい方法です。

なんと、飲める温泉がある!?

飲める温泉があることをご存じでしょうか？

温泉を飲む行為のことを、読んで字のごとく「飲泉《いんせん》」といいます。日本では飲泉の文化があまり浸透していませんが、ドイツやチェコ、イタリアなどのヨーロッパ諸国では入浴だけではなく、療養を目的とした飲泉も盛んに行なわれています。温泉成分を直接身体に取り込むことができるため、胃腸や肝臓によい影響を与えると言われており、全身の健康促進や持病対策としての効果があるようです。

日本における飲泉の歴史は古くからあり、持統天皇の御代《みよ》に飲泉によって多くの病者を治療したと、『日本書紀』には記されています。そして明治時代、「日本の近代医学の父」と呼ばれているドイツ人医師ベルツの指導により、群馬県伊香保《いかほ》温泉などで飲泉が開始されました。さらに、1880年に発刊された「日本の近代温泉医学の原点」とも呼び声の高い『日本鉱泉論』（ベルツ・著）には、飲泉の適応症や飲泉量、飲泉施設などについての記述があります。

療養泉の泉質ごとに、飲泉によって効果が得られる代表的な適応症を、環境省が示しているものを参考にまとめてみました。

- **塩化物泉**……**便秘、萎縮《いしゅく》性胃炎**
- **硫黄泉**……**糖尿病、脂質異常症、痛風**
- **炭酸水素塩泉**……**糖尿病、胃十二指腸潰瘍《かいよう》、逆流性食道炎、痛風**
- **硫酸塩泉**……**脂質異常症、便秘、胆道《たんどう》系機能障害、痛風**
- **二酸化炭素泉**……**胃腸機能低下**
- **含鉄泉**……**鉄欠乏《けつぼう》性貧血**
- **含よう素泉**……**脂質異常症**

飲泉で得られる効果として代表的なものは、慢性的な消化器疾患、胆石、糖尿病、便秘などです。

ただ、もちろん、どこの温泉でも飲めるわけではありません。諸外国では医師の処方が必要になるほどで、日本では医師の処方が必要ではないものの、各都道府県による基準と判断で飲泉許可を出すことになっています。また、環境省が飲泉についての利用基準を定め、飲泉についての注意事項も発表しています。

飲みすぎはダメ。ゼッタイ。

飲泉は、多く飲めばいいというものではありません。体質や持病によっては飲泉できないものもあります。例えば、腎臓に疾患のある人は、制限が必要なナトリウムやカリウムなどが含まれている塩化物泉を飲むことは避けたほうがいいと言われています。泉質の特徴などを考慮したうえで、適切な方法で適切な量だけ飲用することが大切です。

一般的な飲泉の方法として、空腹時に一定量の温泉を毎日同時刻に飲むことがいいとされています。さらに、飲泉は新鮮な温泉を飲むことが大切なので、持ち帰りはオススメできません。

飲泉は通常、一日に500㎖まで。ほかにナトリウム、カリウム、マグネシウムなどの成分が多い場合には一日の許容量が個別に定められています。参考までに、ヒ素と銅の飲泉許容量について、温泉利用基準（飲用利用基準）を見てみましょう。

・ヒ素を含む場合：一日につき0・1㎎
・銅を含む場合：一日につき2㎎

飲泉ができる温泉では、飲用許容量の明示が義務付けられていますので、飲用時にはしっかりと読み、適量を守ってください。

もちろん、治療目的で飲泉する場合は、必ず温泉療法医に相談してくださいね。

飛騨牛を温泉でしゃぶしゃぶ

このようにまとめると、飲泉はハードルが高いものだと思われてしまうかもしれません。ただ、飲泉許可が出ている温泉地では、気軽に飲泉効果を体験してもらいたいという想いから、さまざまな工夫を取り入れています。

長野県にある白骨《しらほね》温泉の多くの湯宿では、朝食時に100％の温泉で炊き上げる温泉粥《がゆ》が提供されます。まろやかで、絶妙な塩味がたまらないおいしさでした。

また、岐阜県にある「湯屋《ゆや》温泉 炭酸泉の宿 泉岳館《せんがくかん》」では、天然の炭酸泉で温泉しゃぶしゃぶをいただきました。飛騨《ひだ》牛のおいしさがより引き立つ絶品で、おいしく味わいながらデトックス効果も期待ができるなんて……ありがたすぎる体験でした。

前田先生のワンポイント解説

各都道府県知事によって許可された、飲泉できる温泉があります。飲泉可能な温泉は、細菌などが入っていない**湧出直後の温泉で、通常一日500㎖以内**と決められていますが、その成分によっては飲泉量の上限が決められています。

また温泉の成分は、時間の経過とともに変化し、身体へ悪影響を及ぼすこともありますので、**清潔な飲泉所で使い捨てのコップなどで飲んでください。**

身体への負担が少ない「不思議な入浴法」

温泉に入るというと、全身で浸かる「全身浴」を思い浮かべる人が多いかもしれません。ほかには、足湯や打たせ湯のように身体の一部だけ入浴する「部分浴」もありますが、温泉の入浴法には全身浴や部分浴だけではなく、「特殊な入浴法」と呼ばれるものもあります。

特殊な入浴法には、湯そのものに入浴しないものがあります。先にまとめた「泥湯」がこれに該当しますが、ほかにも「砂湯」や「温泉蒸気浴」、「温泉熱気浴」などがあります。

砂湯とは、海岸の温泉熱で温められた砂の上に浴衣などを着て横たわり、首から下全体に砂をかぶって発汗する療法のこと。汗をたっぷり出し、皮膚から余分な脂や汚れなどが排出されることで毛穴がきれいになり、吹き出物もできにくくなるため、美肌効果が期待できるのです。

知名度が高いのは鹿児島県にある指宿《いぶすき》温泉ですが、ほかにも大分県にある別府温泉、静岡県の伊豆熱川温泉でも砂湯を体験することができます。

温泉の蒸気に包まれながら……

次に「温泉蒸気浴」「温泉熱気浴」ですが、言葉を聞いただけでは、どんな入浴法を指しているのかがわかりにくいかもしれません。

「温泉蒸気浴」とは「蒸し湯」のことで、噴出する温泉の蒸気を利用した蒸し風呂で入浴するスタイルのこと。江戸時代中期まで、温泉がない地域での「風呂」は、この蒸し風呂を指していました。現在は入浴の仕様により、「温泉蒸気函浴《かんよく》」「温泉蒸気室浴」などに分類されています。

「温泉蒸気函浴」とは、温泉の蒸気が噴き出す箱の中に入り、首だけを箱から出して、首から下の全身を温泉の蒸気で蒸す入浴法です。箱蒸し風呂といえば秋田県にある後生掛《ごしょうがけ》温泉が有名ですが、ほかには、大分県にある別府鉄輪《かんなわ》温泉や熊本県の杖立《つえたて》温泉も人気があります。さらに、私がひとり温泉旅で見かけたところでは、佐賀県の「古《ふる》湯《ゆ》温泉ＯＮＣＲＩ」、群馬県にある「つま恋温泉　山田屋温泉旅館」、千葉県の鴨川《かもがわ》温泉にある「鴨川館」がありました。

一方の「温泉蒸気室浴」とは、温泉の蒸気で満たされた蒸気室に入り、全身を蒸す入浴法です。温泉蒸気を吸入して、温泉成分を体内に取り込むことができます。なかには、蒸し小屋や洞窟風呂を利用し、温泉ミストサウナとして入浴ができるところもあります。大分県別府市にある「ひょうたん温泉」にあるほか、群馬県にある四万《しま》温泉、岩手県にある夏油《げとう》温泉が代表的です。

横になって、温泉熱を全身で感じる

また「温泉熱気浴」とは、温泉の熱で熱くなった場所で横たわる入浴法のこと。最近は、岩盤浴が身近な温泉施設でも体験できるようになったため、イメージしやすいかもしれません。

屋外で体験できる天然の岩盤浴としては、秋田県の玉川温泉が有名ですが、別府鉄輪温泉でも天然石による岩盤浴を楽しむことができます。

熱気浴は岩盤浴のほか、「温泉オンドル」と呼ばれるものがあります。

「オンドル」とは朝鮮半島に由来する暖房装置の一つで、台所で使われるかまどの熱を住宅の床下に通して温める床暖房のこと。つまり「温泉オンドル」とは、温泉熱や地熱を床の下にひき、その上に横たわるスタイルの入浴法のことで、全身浴に近い効果が期待できるのです。

温泉オンドルでひとり湯治

秋田県の後生掛温泉には、一般的な宿泊のほかに湯治場があり、オンドル宿舎に滞在して湯治をすることができます。持病の緩和を実感された方が多いためか、湯治目的の方がほとんどで、毎年とても人気があります。

そのため、後生掛温泉は予約困難なことが多く、湯治ゆえ二泊以上が予約の条件になるので、ビジネスパーソンだとハードルが高いかもしれません。

しかし、実は一泊で温泉オンドルを体験できる場所もあります。

それは、鳥取県の三朝《みささ》温泉にある「桶屋《おけや》旅館」と「ぬくもりの宿 中屋《なかや》」。ここにも温泉オンドルがあり、なんと一泊でも利用が可能なのです。

「砂湯」「温泉蒸気浴」「温泉熱気浴」は身体への負担、特に心臓や肺への負担が少ないため、全身浴と比較すると長時間利用できることが特徴です。蒸気や特殊な温熱方法により、身体全体がじわじわと温まってきます。

コリ固まった肩や筋肉もほぐしてくれるので、養生や身体のメンテナンスとしてのひとり温泉旅に、ピッタリなのではないでしょうか。

前田先生のワンポイント解説

蒸気浴は湯水で温めるのではなく、気体で体を温めることになります。室内などで行ない、湿度も高く汗もかきやすい状況で、比較的高温の蒸気のため、早期に体温が上昇します。したがって、**十分な水分補給をしてから入浴するようにしましょう。**

また、本文にもあるように、心臓や肺の水圧による圧迫がないため**心肺の負担の少ない入浴法**とも言われています。

放射能泉って……、大丈夫ですか？

27ページで紹介した10ある療養泉のうちの一つに「放射能泉」という泉質があります。放射能泉と聞くと、「放射能って大丈夫なの？」と思われる方も少なくないのではないでしょうか？

放射能泉は、文字通り放射性物質（ラドン）を含んだ温泉です。一般的には「ラジウム温泉」とも言われており、放射性物質であるラドンを1kgあたり8・25マッヘ以上含有している温泉を指します。マッヘとは、ラドンの濃度を表す単位のことです。

ラドンは自然放射線の半分以上を占めている無色・無臭のガス状の物質です。源泉の中に含まれていますが、湧出すると空気中に拡散します。そのため、温泉入浴よりも飲用や吸気などで体内に取り込むほうが効果的だとされています。

むしろ、いいことづくしかも!?

放射能という字面だけを見ると不安感を持たれるかもしれませんが、温泉に含まれる程度のわずかな放射能は、むしろ身体にはいい方向に働きます。

微量の放射性物質を含んだ温泉を体内に取り込むと、細胞が刺激されて活性化し、血流や新陳代謝の促進などいいことづくし。

さらに、微量な放射線で体に負荷をかけることで免疫力が上がる「ホルミシス効果」もあると言われています。

温泉中に含まれる程度のラドンは、体内に取り込まれても数時間で尿と一緒に排泄されてしまいます。半減期が非常に短く、「体によいことだけして、すぐに消えていく」という特徴があるのです。

また、放射能泉は、痛風（高尿酸血症）の適応症があります。151ページでも触れたように、痛風は硫黄泉や炭酸水素塩泉、硫酸塩泉を飲泉した場合の適応症とされていますが、入浴するだけで適応症となっているのは、放射能泉のみなのです。

ラドンを存分に吸入できる湯宿

ラドンは空気中に飛散するため、吸入が最も効果的だという性質を考えると、外湯よりも内湯で存分に吸入したいという気持ちになりませんか。

それを叶えてくれる温泉旅館がいくつかあります。

◆不老閣《ふろうかく》（山梨県北杜市《ほくとし》　増富《ますとみ》温泉）

こぢんまりとした天然ラジウム泉の蒸気吸入室にて、放射能泉を石にかけて出る蒸気を吸入できます。吸入室はとても心地よいので、ついつい長く吸入していたい気持ちになりましたが、ほどほどに。

◆角屋《かどや》旅館（新潟県阿賀野市《あがのし》　村杉温泉）

村杉温泉は、五頭山《ごずさん》の麓にある五頭温泉郷の一つ。角屋旅館では、貸切風呂のうちの一つに、ラジウム温泉のミストを存分に吸入することができる理想的な造りの浴室があります。私も入浴してみましたが、身体のコンディションがとてもよくなったと感じました。

放射能泉は空気に触れることで成分が失われやすいため「鮮度」が大切で、浴槽の下から湯が注がれる「足下湧出」が理想的です。先に挙げた2か所の温泉旅館は、まさに理想的な環境が整っていました。

前田先生のワンポイント解説

ごく微量の放射線でも、細胞などにあたると人体に障害を与えます。放射能泉のようなわずかな障害である場合、それを修復しようとする人体の働きがあり、これが「ホルミシス効果」と呼ばれています。

ただ、実際のところ、まだ科学的には証明されていないのが現状です。しかし、飲泉実験では**尿酸の体外への排出促進が確認されており**、そのため痛風（高尿酸血症）が適応症だとされているのです。

「ひとり岩盤浴」という至福の体験

今や、日帰り入浴施設でも温泉旅館でも珍しい存在ではなくなった「岩盤浴」。日本でもだいぶ浸透し、温泉施設や旅館でもよく見かけるようになりました。実際に人気もありますし、私も宿泊先にあれば積極的に利用します。

この岩盤浴、実は長い歴史を持っています。

日本では、秋田県にある玉川温泉が発祥の地と言われています。

玉川温泉には、長年の温泉成分の噴出と堆積による硫酸バリウム（重晶石《じゅうしょうせき》）や、ストロンチウム、鉛、ラジウムを含んだ北投石《ほくとうせき》があります。この岩盤の上にゴザなどを敷いて、着衣のまま横たわっている湯治客をよく見かけますが、これが岩盤浴のはしり。秋田県の伝統的な湯治場として、明治時代から多くの人々の身体を癒してきました。

温泉入浴よりも身体への負担が少なく、サウナよりも比較的湿度が低い岩盤浴は、皮膚の表面温度や皮膚の血流量を増加させると言われています。

ちなみに、中国では紀元前2、3世紀から薬石《やくせき》に患部をあてて温める治療があったとされています。

身体を芯から温め、新陳代謝アップ

岩盤浴で期待される効果をまとめてみました。

- 発汗効果
- 冷え性改善効果
- デトックス効果
- ダイエット効果
- 癒し効果

・美肌効果
・ホルミシス効果

身体が芯から温まり、新陳代謝がアップ。岩盤の温熱効果により、大量の汗をかくことがとても気持ちよく、やみつきに。

岩盤浴は医療施設で行なわれるものではありませんので、特定の病気が治癒する、改善するとは言い切れないものの、効果を実感したという湯治客のクチコミにより、今でも多くの人たちが玉川温泉の岩盤浴で湯治をしています。

ひとり旅こそ、岩盤浴へ

岩盤浴をしているときはじっくり自分と向き合うことができるので、ひとり温泉旅との相性がいい気がします。私もひとり旅のときにこそ岩盤浴を利用したくなり、温泉とともに楽しんでいます。

岩盤浴をする時間は、平均して20～30分が多いでしょう。この約20分間、初めての岩盤浴のときは「長くて暇になりそうだな」と思ったものの、日頃から忙しく生きている私たちにとって、頭の中を空っぽにして、自分としっかり向き合うことができる時間は貴重なもの。

頭を休めてボーッとすることの大切さに気づかされました。これも、今流行っているマインドフルネス（瞑想）の一種なのでしょうか。

一石二鳥の「血液サラサラルーム」

古くから湯治場として親しまれてきた、山形県米沢市にある小野川温泉には、効能豊かな温泉を使用した岩盤浴を提供している湯宿がいくつかあります。

なかでも「高砂屋《たかさごや》旅館」の岩盤浴室「血液サラサラルーム」のネーミングセンスには感服。床下に80・3度の源泉が流れる岩盤浴は、横たわると寝落ちしてしまうほど心地よく、じわじわと身体を温めることができます。

ちなみに、還元力が高い小野川温泉は、ラジウムを含んでいます。こぢんまりとした「血液サラサラルーム」では、部屋の中でラドンも吸入することができたため、一石二鳥の温泉宿として深く思い出に残っています。

前田先生のワンポイント解説

岩盤浴とは、温まった床などの上に寝ることによって、身体をゆっくり温める方法です。温水の中に入らないため**心肺に負担がかかりにくく**、あまり高温の床でない場合は**リラックス効果が高い**と言われています。

室内の湿度はさまざまで、発汗を期待する岩盤浴では湿度が高めに設定されている場合もあります。

第5章

忘れられない「ひとり温泉旅」感動体験

——何度でも行きたくなる場所へ

全国でも希少な「天然炭酸泉」

ここ数年で、入浴剤や化粧水、さらに高濃度炭酸泉を導入したスーパー銭湯など、すっかり炭酸が人気になりました。美容や健康において高い効果が期待できることから、「炭酸＝いいもの」というイメージが定着してきましたが、自然に湧出した天然炭酸泉の心地よさは格別です。

温泉法では、温泉水1ℓに250㎎以上の炭酸ガスが溶け込んでいるものを「炭酸泉」と定義しています。なかでも、1000㎎以上もの炭酸ガスを含んだ高濃度炭酸泉は、10ある療養泉のなかでも希少価値が高い「二酸化炭素泉」に指定されており、より高い健康効果や美肌効果が期待できます。

実は、一般的に炭酸泉と言えば、この「二酸化炭素泉」を指します。「炭酸」という言葉が入る炭酸水素塩泉も、温泉法の定義では炭酸泉に分類されますが、一般的には含まれる炭酸ガスの濃度が二酸化炭素泉よりも低くなります。

そして自然に湧出した炭酸泉は、二酸化炭素泉はもちろんのこと、一部の炭酸水素塩泉でも、体験したことのないような炭酸特有のシュワシュワを感じることができるのです。

天然炭酸泉は、暑い夏にこそ

天然炭酸泉は日本各地でも決して多くはなく、日本の温泉全体のわずか0・5%ほどだと言われており、シュワシュワを体感できる温泉は大変貴重なものです。

炭酸泉に浸かると、炭酸ガスが皮膚から吸収され、毛細血管を拡張して血流を促進させます。その結果、心臓への負担を和らげ、高血圧やリウマチなどの身体の痛みに効果が期待できるとされています。

また、炭酸泉は40度ほどで炭酸ガスが抜けてしまうという特性があるため、天然炭酸泉の温泉はぬるい、またはひんやりとしているのが特徴です。生まれた温泉に手を加えていないものばかりですので、鮮度は抜群。そのため、夏にこそピッタリの温泉なのです。

さらに124ページでも述べたように、二酸化炭素泉は血管の拡張によって熱が体内に取りこまれるため、ぬるくても体感温度が2度上がると言われています。心臓に疾患がある方ですと、心臓に負担がかかりにくい体温に近い37度の不感温浴を医師から推奨されることがありますが、炭酸泉に浸かれば、心臓への負担なく血流促進によるポカポカを感じることができるのです。

「天然」にこだわりたいワケ

銭湯などで見られる、人工による高濃度炭酸泉への入浴でも医学的な効果は認められていますが、天然炭酸泉には人工の湯よりもさまざまな有機物が含まれています。そのため、二酸化炭素泉としての効能だけではなく、そのほかの成分による相乗効果が期待できることも、天然である魅力のうちの一つでしょう。

加えて、自然に湧出した天然炭酸泉は「還元作用」があるので、酸化を遅らせるアンチエイジング効果も期待できると言われています。

大分県竹田《たけた》市に湧く天然炭酸泉は、ラムネのように細かな気泡が目に見えてわかるものが多かったのですが、岐阜県と長野県の県境あたりでも、天然炭酸泉は湧出しています。

また、山梨県の北杜市にある増富温泉や福島県にある大塩地区周辺の温泉、鹿児島県の霧島市にある妙見温泉や、北海道の歌登《うたのぼり》温泉、五味《ごみ》温泉などでも、天然炭酸泉が持つ特徴を実感しながら湯浴みをすることができました。

人生で一度は浸かりたい強炭酸泉

さらに、二酸化炭素泉で忘れられない場所があります。二酸化炭素泉の炭酸の強さは、温泉分析表に記載されている数値だけでは測れないのではないか、と感じた思い出の温泉です。

その場所とは、大分県の竹田市にある七里田《しちりだ》温泉の「下ん湯」。

数値だけを見ると、長野県やほかの温泉地のほうが炭酸濃度が上にもかかわらず、ラムネを超えてサイダーのようなシュワシュワは体験したことがないほどで、炭酸の強さに心の底から驚きました。

ちなみに、七里田温泉には、「木乃葉の湯」と「下ん湯」がありますが、驚異の気泡が見えるのは「下ん湯」のほうです。

「下ん湯」は、2022年1月に発生した日向灘沖《ひゅうがなだおき》地震による湯量の減少と老朽化によって建て替えをし、2023年7月にリニューアルオープンしました。リニューアルオープン以前でも、日本屈指の最強レベルと呼び声が高い天然炭酸泉の温泉でしたが、建て替えにともなって源泉も掘り直し、これまで以上に強炭酸を実感できる温泉へと生まれ変わりました。

わざわざここのためにひとり温泉旅を計画してもおかしくないほどで、国宝級の天然炭酸泉を味わうことができます。ぜひ、一生に一度は浸かってみてほしいと強くオススメします。

全身に付着する気泡が強すぎてちょっと痛いくらいでしたが、血流促進や美肌効果をかなり実感できた湯でした。

日本一の「トロトロ温泉」へ

ここ数年、雑誌の特集でも「トロトロ温泉」「化粧水・ローション級温泉」という企画をよく見かけるようになりました。検索ワードでも「トロトロ温泉」は上位にあがることが多く、実際に温泉選びでも人気を集めています。

なぜ、トロトロとした浴感が生まれるのでしょうか。

一般的に、アルカリ性単純温泉、ナトリウム系の泉質を持った炭酸水素塩泉、保湿をサポートする〝メタケイ酸〟などが含まれているpH値が高い湯は、トロトロとした浴感が感じられるとされています。

実はこれ、温泉そのものがトロトロしているわけではありません。128ページでも触れましたが、この浴感は乳化作用によるもの。温泉のアルカリ性の成分がタンパク質である肌の皮脂を溶かすことで、トロトロした感覚が生まれるのです。

ただ、余分な皮脂だけではなく、必要な肌の潤いも剥《は》がしてしまうことがあるので、湯から上がった後には、化粧水による保湿をお忘れなく。トロトロ温泉に浸かるだけで美肌が叶えられるのなら、ひとり温泉旅で利用しないのはもったいないのでは？

究極の浴感を探して首都圏旅

山梨県や埼玉県秩父市界隈、東京都あきる野市周辺にあるアルカリ性の温泉を二日間かけて、湯めぐりをしたことがあります。

特に冬場はわかりやすいのですが、ひじ、ひざ、かかとの白くなっていた古い角質がポロポロと落ち、汚れがたまりやすいところまでスベスベになったことに、とても驚きました。まさに、かゆいところに手が届く。ゴマージュケアなんて必要ないのではと思ってしまったくらい、ひたすら感動しっぱなしのひとり温泉めぐりでした。

なかでも強く印象に残っているのは、埼玉県ときがわ町にある「都幾川《ときがわ》温泉　旅館とき川」の湯です。

旅館とついてはいるものの、今は日帰り入浴としての利用のみ。しかも昼夜2部制で、一日4組限定。ひとりでの入浴を歓迎しており、土地の名物料理「柚子《ゆず》」をふんだんに使った懐石料理も付きながら、温泉を4時間も貸切で利用できます。

ここの泉質は、アルカリ性単純温泉です。pHの数値が11・3もあり、「日本一の高アルカリ性単純温泉」と呼ばれています。

ほかでは、厚木界隈や長野県白馬村にある温泉でも、pH値が10〜11と高く感動しました。が、個人的には「旅館とき川」のトロトロの浴感や入浴後の肌の心地よい手触りは、今でも記憶に残っています。

月明りと雲海の「絶景温泉」

温泉は、五感で楽しむレクリエーションです。露天風呂に浸かりながら、言葉を失うほどの絶景をひたすら眺める湯旅時間。これぞ、至福のひとときでしょう。

絶景とひと言で言っても、海の絶景、山の絶景、湖畔の絶景などさまざまです。もちろん、川や滝が流れる大自然を近くで感じながらの湯浴みも最高ですが、目の前に広がる海、空を染める夕日、雲の間から差し込むご来光を一望できる海沿いの露天風呂は、まさに非日常の世界。視界いっぱいに広がる美しい景色は、ひとり温泉の旅情を盛り上げる重要なポイントです。

80ページでも紹介しましたが、湯船と海が一体化しているような、まるで海に浮かんでいるかのような感覚を味わえる「インフィニティ温泉」は、今や絶景温泉を語るうえで外せないキーワードになっています。

海の絶景と言えば、東伊豆

静岡県の東伊豆にある北川《ほっかわ》温泉は、海沿いの小さな温泉地で、海の絶景で有名です。ここでは、満月の日の前後三日ほどであれば、海上に浮かぶ月とその月明りが海に反射してできる「ムーンロード」と出会える確率が高くなります。この北川温泉のムーンロードは、後世に残したい名月の一つとして、2017年に「日本百名月」に選出されています。

北川温泉では、どの湯宿を選んでも海の絶景をあますところなく堪能できますが、国道135号線の山側に面した地に建つ「吉祥《きっしょう》CAREN」は、なんと客室までもが全室オーシャンビューで、客室風呂からも海の絶景を眺めることができます。大浴場では露天風呂が四つあり、そのうちインフィニティ温泉が二つありますが、日中であれば相模湾や伊豆大島を一望できます。

波の音に癒されながら、ついつい景色に見とれてしまい長湯を……、したくなる気持ちはわかりますが、そこだけは注意。「吉祥CAREN」だけではなく、海の絶景温泉の多くは塩化物泉であり、皮膚への刺激が強いので長湯は避けたいところです。目安としては、じんわり額に汗がにじんできたら、湯から一旦出るタイミング。客室風呂では部屋で水分補給をしつつ、温泉から出たり入ったりを何度も繰り返し、一度の入浴時間は短めにして温泉と絶景を楽しむことができました。

「吉祥CAREN」は海の絶景だけではなく、おもてなしも記憶に残るほど素晴らしいため、ご褒美ひとり温泉旅にピッタリでした。

真っ白な大海原を求めて

山の絶景は、新潟県の妙高《みょうこう》市にある「赤倉観光ホテル」がすぐに思い浮かびます。標高1000mから四季折々の景色を楽しむことができる高原リゾートホテルで、妙高山の中腹より自然湧出した、炭酸水素塩泉と硫酸塩泉の成分をあわせ持つ美肌の湯を堪能することができます。

「赤倉観光ホテル」に行くことができたら、期待したいのが「雲海」です。

雲海とは、雲を上から見下ろしたときに、海のようにほぼ一面に広がって見える雲のこと。山の中腹に位置し、周囲には2000m級の山々や大きな湖があり、日本海にも近いホテルの立地条件から、気象条件さえ合致すれば雲海が発生します。

ただ、なかなかお目にかかることができない貴重なもの。ホテルの従業員いわく、雲海が発生しやすいのは春から夏へと変わる季節の変わり目で、6月から7月中旬の雨上がりや、10月下旬から12月初旬の晩秋の朝も、雲海が出現しやすいようです。

「赤倉観光ホテル」には二度宿泊していますが、6月下旬に宿泊したとき、ぼんやりとではありますが雲海を見ることが叶いました。自然が生み出した幻想的な絶景は、今でも深く記憶に残っています。

桜や紅葉を眺めながら……

日本には四季があり、春夏秋冬、その季節ならではの絶景を愛でる習慣があります。春のお花見や深まる秋の紅葉など、その季節でしか見ることができず、しかも一年のうち数日しか見ることができない景色は、多くの人々にとって冬の厳しい寒さや夏の暑さを乗り越えるための、心の拠りどころになっているのかもしれません。

季節ならではの絶景を眺めていると、日頃抱えがちなストレスや悩みがなんだかどうでもよくなり、気持ちをリフレッシュすることができるのは私だけでしょうか。特にひとり温泉旅のゆっくりと流れる時間は、不思議と心を癒してくれます。

また、桜が咲く頃は花冷えの季節と言われるほど肌寒い日でもありますが、温泉ならポカポカの湯に浸かりながら、春ならではの絶景を楽しむことができます。40ページでも述べたように、あまり混雑することもありませんので、ひとり温泉旅にピッタりの穴場シーズンです。

ソメイヨシノに囲まれて

ただ、もちろん、どこでもお花見温泉や紅葉温泉が楽しめるわけではありません。これまで出会ってきた温泉の中で、かなり深く印象に残り、今でも忘れられないほど見事だったお花見温泉や紅葉温泉を紹介します。

桜と温泉のコラボの「お花見露天風呂」で言葉を失うほど感動したのは、秋田県男《お》鹿《が》市にある「男鹿ホテル」（口絵I参照）です。

男鹿市随一の広さを誇る露天岩風呂から、圧巻の桜を楽しむことができます。露天風呂を囲うように植えられたソメイヨシノが咲き乱れ、暗くなるとライトアップされる夜桜も感動的。

満開のタイミングをはかるのは非常に難しいですが、出会うことができたら一生忘れられないくらい、プレミアム級の体験が叶えられます。

私が訪れた日は、ぎりぎり満開でしたが、翌朝は雨と風で桜の絨毯《じゅうたん》となり、だいぶ葉桜に……。でも、それも「いとをかし」でした。

赤と緑のコントラスト

「紅葉温泉」では、栃木県日光市にある「ホテル湖上苑《こじょうえん》」の絶景が一番強く印象に残っています。

日本屈指の海抜高度を誇る中禅寺湖《ちゅうぜんじ》に一番近い湯宿で、抜群のロケーションが魅力的。なんと客室は、全室中禅寺湖ビューになっており、ひとり泊によく使われる部屋では、頭上やテラス横にも美しく色づいた紅葉を見ることができます。部屋、貸切風呂、露天風呂から眺める紅葉と、湖畔ならではのレイクビューのコラボに感動しきりでした。

「ホテル湖上苑」で堪能できる温泉は、鮮やかなグリーンが目を引き、硫黄泉ならではの美肌の湯を楽しむことができます。紅葉の赤色と湯の鮮やかなグリーンが一望できる露天風呂はとても趣があり、なかなか湯から離れることができませんでした。

周辺の道路、日光のいろは坂は、紅葉時はかなりの混雑で大渋滞しがちですが、温泉宿に着いてしまえば、見事な紅葉を愛でながら美肌の湯を存分に堪能できます。

このほか、季節限定の絶景温泉で思い浮かぶのは、お花見でも紅葉でもなく冬ならではのものですが、北海道にある然別《しかりべつ》湖の氷上露天風呂の雪景色（口絵Ⅰ参照）には、かなり感動しました。

1月から3月上旬までの季節限定で、地元のクルーによる手作りの温泉ですが、晴れた日は目の前の唇山《くちびるやま》（天望山《てんぼうざん》）の壮大な景色を眺めることができます。

あたり一面が白銀に包まれているなかで温泉に浸かる開放感は、これ以上ない非日常体験でした。

神のみぞ知る「奇跡の温泉」

先ほど紹介したムーンロードや雲海など、運がよければ出会える絶景は、ひとり温泉旅をかけがえのない思い出にしてくれます。

私の場合、運悪く出会えなかった旅もありましたが、それでも温泉の湯は変わりなく、身体と心を癒してくれました。

しかし、日本には、もっと出会うことが難しい温泉が存在します。

なんと入浴チャンスは、風まかせならぬ「潮まかせ」。タイミングを計らなければそもそも温泉にすら出会えないものもあれば、温泉には浸かれるものの、絶景のタイミングを計ることは不可能で、出会えたらラッキーとしか思えないような温泉もあるのです。そんな温泉に挑戦できるのも、自由なひとり旅ならではでは。

干潮じゃないと見つからない!?

ある程度タイミングを計ることができる珍しい温泉とは、干潮時にしか浸かることができない自然の湯です。

干潮時になると海から出現する幻の温泉で、離島や海岸に湧く温泉などでよく見られます。

管轄する市や町の役場が、これまでのデータにもとづいて干潮のタイミングを算出してくれているので、事前にチェックしておけばひとり湯旅計画が立てやすいと思います。もちろん完全に一致するとは限らず、前後することや悪天候で入浴不可になる日もありますが、かなり参考になるので市や町の公式サイトは必見です。

私が訪れた場所では、北海道函館市にある水無《みずなし》海浜温泉や、屋久島《やくしま》にある平内《ひらうち》海中温泉、東京都式根島《しきねじま》の海岸に湧く地鉈《じなた》温泉などがあります。

ワイルドな自然を感じながら湧き立ての温泉に浸かることができ、開放感とスケールの大きさなどからも出会えた奇跡をひしひしと感じた温泉です。

気まぐれなコバルトブルー

事前にタイミングを計ることができない、出会えたらラッキーな奇跡の温泉とは、コバルトブルーが美しい温泉です。もちろん入浴剤を入れたというものではなく、自然が作りだした神秘的なブルーの温泉。代表的な例は、別府温泉にある「鉄輪温泉山荘 神和苑《かんなわえん》」（口絵Ⅳ参照）や、宮城県鳴子温泉にある「旅館すがわら」に湧く温泉です。これらは、奇跡の温泉とも言われています。

もちろん生まれたての温泉は無色透明ですが、ブルーに変わる湯で共通すると考えられている自然条件は三つあります。

- **塩化物泉**
- **メタケイ酸がかなり豊富**
- **シリカコロイドの散乱現象**

共通する自然条件はある程度解明されているものの、自然は理屈通りにはいかないもので、ブルーに変色するタイミングは神のみぞ知る。出会うことができた人は、強運の持ち主だと言えます。

特に「旅館すがわら」の温泉がコバルトブルーに変色するのはレア中のレア。年に数回程度しかお目にかかることができず、いつしか温泉愛好家を中心に「すがわらブルー」と呼ばれるようになりました。また、「神和苑」のブルーの温泉も「かんなわブルー」と言われています。

私は「旅館すがわら」に幾度《いくど》となく宿泊し、過去2回「すがわらブルー」の温泉に浸かったことがあります。また、「かんなわブルー」も一度だけ体験することができました。見た目が美しいだけではなく、塩化物泉かつメタケイ酸がかなり豊富なので、しっとり保湿が叶うのがうれしい、幻の美肌湯でもあるのです。

温泉の滝に打たれながら

このほか、適温時期が7月上旬～9月上旬という季節限定ではあるものの、現地に行けば浸かることができるのが、秋田県湯沢市にある川原毛《かわらげ》大湯滝《おおゆたき》。

ここは、温泉が滝となって流れる滝湯です。滝湯自体とても珍しいものですが、滝つぼがそのまま露天風呂の湯船となっているという、自然の奇跡が重なってできた温泉になっています。

滝の高さは20m。頭上から打ちつけるかのように、ドバドバと投入される35度ほどの温泉を眺めたり、打たれたりしながら入浴ができます。

ちなみにこの湯の源泉は98度もあり、pH1・4という強酸性。源泉が1km上流で沢水《さわみず》と合流して混ざることで、入浴ができるくらいのちょうどいい温度になります。まさに、自然の恵みがもたらした天然露天風呂。なんと、料金はかからず無料で浸かることができます。

この湯を楽しむためには水着着用がルールとなっているので、訪れる際は水着持参をお忘れなく。

また、近くには、日本三大霊地の一つである川原毛地獄があるので、季節限定の奇跡の温泉を楽しんだ後には、ぜひこの名所に立ち寄ってみてはいかがでしょうか。

何時間でも浸かれる「ぬる湯温泉」

温泉と聞けば、熱い湯、42度くらいの湯を想像する人が多いのですが、実はひとり温泉旅に出かければ出かけるほど「ぬる湯温泉」の魅力にも惹かれるようになります。暑い夏や、春や秋の季節の変わり目にとても刺さる温泉です。

環境省が制定した「鉱泉分析法指針」では、泉温によりいくつかの分類がされていて、42度以上のものを「高温泉」、34度から42度未満のものを「温泉」、25度から34度未満のものは「低温泉」、123ページでも述べましたが、25度未満のものは「冷鉱泉」とされています。つまり、「ぬる湯」に明確な定義はありませんが、一般的には34度から40度未満のものが「ぬる湯温泉」と呼ばれています。ちなみに個人的には、30度以下の温泉を「ひんやり温泉」と呼んでいます。

このぬる湯温泉、数年前から温泉の新ジャンルとして注目を集めています。

夏に温泉と聞くと、ただでさえ気温が高くて暑さにうんざりしているため、熱い温泉はちょっと避けたい気持ちになるかもしれません。しかし、実はうだるような暑い時期にこそ、ひんやりとしていて心身が整う「ぬる湯」は至極の温泉なのです。

ぬる湯を見くびるなかれ

ぬる湯が魅力的な理由をまとめてみました。

- **保温効果**
- **疲労回復**
- **安眠効果**
- **自律神経を整える**
- **胃腸の働きを活性化**
- **リラックス効果**

体温に近い37度ほどの不感温浴は身体への負担が少なく、長湯が可能であり、副交感神経が優位になります。そのためか、入浴後はほどなくすると心地よい眠気に襲われ、深い眠りにつくことができるのです。

ちなみに、これに対して42度以上の「高温泉」は逆に交感神経が優位になるので、一日の始まりや気合を入れて頑張りたいときに適しています。そのため日頃の入浴でも、寝る前はぬる湯を、起床後は熱めの湯を選ぶといいかもしれません。

じゅ、10時間も!?

新潟県の魚沼《うおぬま》市にある「駒《こま》の湯温泉 駒の湯山荘」に行ったときのこと。

ここは、約33度と体温より少し低めのぬる湯温泉で、毎分2000ℓもの湯が湧出するため、鮮度が抜群にいい温泉です。

もしかしたら、温度だけを切り取ると「冷たくないか?」と不安を持たれるかもしれません。でも、安心してください。さまざまな温泉の成分を含んでいるため、5分も浸かっていると温かさを感じられるようになりますし、特に夏であれば、ずっと浸かっていられるくらい、冷たさを感じることはありません。

この「駒の湯山荘」ですが、聞くところによれば、食事の時間と寝るとき以外ほぼずっと浸かりっぱなしだった方も少なくないんだとか。なんと9時間、10時間連続で入浴していた人もいるようで……。

私も相当長い時間浸かっていましたが、2、3時間くらいで湯から出ました。10時間はさすがに、私には無理……。


ぬる湯の温泉では、湯あたり防止で入ったり出たりを繰り返す必要がなく、そのまま湯に入りつづけていても身体に負担なく、コリやストレスを緩和できることも魅力の一つでしょう。

湯が持つポテンシャルをうまく引き出す「ぬる湯温泉」の心地よさ。知れば知るほどハマりますので、熱い湯が少し苦手な方であれば、ぜひ、ぬる湯探訪に出かけてみてはいかがでしょう。

名建築ゆえ、旅情を感じる温泉宿

国の重要文化財に指定されている歴史的な建造物は、鑑賞するだけのものだと思いがちかもしれません。ただ、温泉旅館にも歴史的文化財に指定されているところがあり、実際に宿泊することができます。それらの湯宿は、古くからその土地に湧く湯を守っていることが多いので、名建築と名湯をセットで楽しむことができるのです。

昨今の昭和レトロブームから、純喫茶と呼ばれる、どこかなつかしさを感じるレトロな喫茶店が注目されています。まさに温泉宿でも、大正ロマンや昭和レトロな世界観を感じることができるため、「時空を超えるひとり湯旅」という新しいスタイルも、近年人気を集めているのです。

名建築に触れるひとり温泉旅。なかなか日常では見ることができない、折り上げ天井や障子の絵柄、職人の技が施された照明器具や、欄間《らんま》、雪見障子《ゆきみしょうじ》など。どれ一つ取ってても見入ってしまうほどで、思わず写真を何枚も撮りたくなるのが、文化財やレトロな湯宿ならではの魅力かもしれません。

大正・昭和へタイムスリップ

2023年1月、株式会社リクルートが発行する旅行雑誌『じゃらん』で、「タイムスリップ気分が味わえるレトロ温泉街」に関するランキングが発表されました。1位から順に、四万温泉（群馬県）、銀山温泉（山形県）、渋温泉（長野県）、伊香保温泉（群馬県）、黒川温泉（熊本県）がランクイン。

ここでは、ランキング上位三つの温泉地を紹介します。

◆四万温泉（群馬県）

古くから湯治場として親しまれてきた温泉地。四万温泉にある「積善館《せきぜんかん》」は、日本最古の木造湯宿建築とも伝えられる丹精こめた造りで、重厚な歴史と趣が感じられる、大正ロマンの香り漂う湯治場の湯宿です。館内の山荘へと続くトンネルのような通路は、映画『千と千尋の神隠し』に登場したものだと言われています。

◆銀山温泉（山形県）

大正時代のような街並みは夕暮れ時になるとガス灯がともり、温泉街を幻想的に包み込む景色が実にノスタルジック。日本情緒が漂っていて、こちらも映画『千と千尋の神隠し』のモデルになったと言われているようです。なかでも「能登屋《のとや》旅館」は国の登録有形文化財にも指定されていて、銀山温泉のシンボルとも言える代表的な湯宿。雪が降る冬の季節は、特に人気があります。

◆渋温泉（長野県）

石畳が続く街並みが素敵で、下駄を履いた浴衣姿の観光客が通りを行き交う温泉街です。昔ながらの建物が多く、自宅に風呂がない家も多いため、地元の方の風呂として、今も使われている共同浴場が九つもあります。渋温泉に宿泊すると、共同浴場を開ける鍵を借りることができ、無料で外湯めぐりを楽しむことができます。

渋温泉の名物「九湯めぐり」

外湯めぐりができる渋温泉。地元の土産屋さんで販売されている手ぬぐいにスタンプを押しながら九つの湯をめぐり、最後に渋高薬師《しぶたかやくし》に参拝すると、苦（九）労が流れて満願成就すると言われています。安産祈願や不老長寿などのご利益があるとされており、渋温泉に訪れた観光客に外湯めぐりは根強い人気があります。

歴史を重ねてきた素敵な湯宿が多く並ぶ渋温泉で一番人気がある湯宿は、国の登録有形文化財に認定された温泉旅館「金具屋《かなぐや》」で、昭和初期の世界を体感することができます。ここも『千と千尋の神隠し』の舞台になったと言われている湯宿ですが、1位から3位までの結果を見ると、どれもジブリ映画が大きく影響しているようです。

名建築の湯宿は長い歴史を刻み、丁寧に時間を重ねてきたからこそ醸し出す風情があります。どんなに優れた建築家でも造りだすことができない昔ながらの湯宿は、ひとり温泉の旅情を奥深いものにしてくれるのです。

「地獄蒸し」で温泉を食す

１０９ページでも述べましたが、「地獄蒸し」とは、温泉の蒸気を使って食材を蒸す調理法のこと。発祥は大分県別府市にある鉄輪温泉と言われていて、江戸時代から用いられてきた伝統ある調理法です。鉄輪温泉周辺の旅館を中心に、鯛《たい》蒸しや茶碗蒸しなどを「地獄蒸し」と名づけ、おもてなしの料理として提供されていたようです。

今でも鉄輪温泉では、この地の名物料理として、旅館だけではなく日帰り入浴施設でも「地獄蒸し」体験をすることができます。さらに別府だけではなく、静岡県の熱海市にある「小沢《こさわ》の湯」や「熱海温泉ホテル　夢いろは」の「青山湯」、熊本県のわいた温泉郷や杖立温泉、地獄温泉や垂玉《たるたま》温泉でも、地獄蒸し調理体験をすることができます。

さらに、長崎県雲仙市の小浜《おばま》温泉にある蒸し窯や、鹿児島県の指宿市にある鰻《うなぎ》温泉の「スメ」と呼ばれるものも地獄蒸しと同様の調理法なので、ここでも温泉蒸気を使って調理体験をすることができるのです。

地獄蒸しで世紀の大発見!?

普通の蒸し料理とは、何が違うのでしょうか。

地獄蒸しが魅力的な点は、ほどよい塩味が素材本来の旨味を引き出し、さらに余分な脂を落としてくれるので、おいしくてヘルシーだということです。

また、別府大学の研究チームは、地獄蒸しはアンチエイジング効果が期待でき、蓄積脂肪量も低下させて血糖値の上昇を抑えるため、生活習慣病予防にも効果があることが確認されたと発表しています。

ひとり温泉旅のとき、旅館の食事はボリュームがあってつらいと思う方も少なくないかもしれません。

そんなとき、地獄蒸し釜を気軽に使うことができる温泉宿を選ぶと、食事のストレスなく、ご当地の食材を好きなときに好きなだけ食することができて、しかも身体に優しくヘルシーと、まさにいいことづくし。

地獄蒸し料理で主に用いられる食材は、卵、さつまいも、トウモロコシ、ブロッコリーやキャベツなどの温野菜としても使用されるものや、魚介系、鶏肉や豚肉などの肉類が定番ですが、焼きそばやごはんなども、ほんのり塩味がつき絶妙です。

さらに私自身、鉄輪温泉やわいた温泉郷に素泊まりして、地獄蒸しを体験しました。いろいろな食材を試してみたところ、定番食材のおいしさはもちろん、果物のリンゴも驚くほどおいしく出来上がりました。皮をむいて地獄蒸しをしたリンゴにシナモンを少量かけ、バニラアイスやヨーグルトを添えて食べてみたところ、忘れられないほどのおいしさに！　世紀の大発見かと思いました。

ほどよい塩味が素材の味を引き立てて、蒸す前よりもおいしくなるという、まさに「地獄蒸しマジック」。

この地獄蒸し釜が日常的に使えたらいいなと、現地に住む方がとても羨《うらや》ましくなりました。

「美食」こそが旅の満足度

ひとり温泉旅では、温泉や周辺環境に対するこだわりもあると思いますが、旅でいただく食事も、湯宿を選ぶうえでとても大切なポイントなのではないでしょうか。

私は温泉宿を予約する際、提供される食事の内容次第で泊まるかどうかを決めることが多くあります。

春になると、たけのこや山菜料理が食べたくなるので、山の味覚を味わうことができる温泉宿を探し、東北や甲信越にある山の温泉宿へ。

夏はウニを求めて北海道、青森県、三陸地方、または九州の壱岐《いき》や天草へ。

秋はきのこ料理や国産の松茸を求めて、福島県や長野県へ。

冬はカニに呼ばれて、福井県や山陰地方の温泉宿へ。

ご当地メシや旬菜の新鮮さは、わざわざひとり温泉旅として出向いたからこそ味わい尽くせるものです。
最近は、個人発信のブログやSNSでだいぶ可視化されているので、温泉だけではなく、食事の満足度も高そうな湯宿を細かくチェックしています。

食事のためなら食い下がってみる

最近では、OTAによるクチコミもかなり参考になるので、現地に行く前の下調べの時点で、宿で提供される食事のイメージがしやすくなりました。OTAならば、ひとり客の受付の可否も検索の時点でわかりやすいので、すぐに予約ができますね。

秋シーズンだと、季節の味覚を求めて毎年訪れるリピーター客が多く、基本的にひとり泊NGとする湯宿が多くなります。ただ、直前になっても湯宿で空室があれば、ひとり泊を許可してもらえる宿も少なくないので、直前にダメ元で電話しています。サイトで確認した際に空室があれば、意外と受け入れてくださるところも多いので、どうしても泊まりたい湯宿があれば、勇気を出して直前に電話してみてください。

卓をにぎわす無数の小鉢料理

秋シーズンと言えば、国産の松茸。

特有の芳醇な香りが鼻腔《びこう》をくすぐり、味わうと昇天するほどのおいしさです。

長野県上田市にある別所《べっしょ》温泉は「松茸の聖地」とも言われているほどで、別所温泉にある旅館では、こだわりの松茸料理を楽しむことができます。

また、周辺の田沢温泉や霊泉寺《れいせんじ》温泉でも、松茸づくしの夕食を堪能することができるので、私は多くリピートしています。

ただ、私の中で忘れられない松茸の思い出は福島県にあります。国産松茸、その土地ならではの郷土料理、その湯宿でしか出会えない究極の食事に感動が止まらなかった、福島県の飯坂《いいざか》温泉にある「青葉旅館」です。

「青葉旅館」では「百彩百味」という大量に並ぶ小鉢料理（口絵Ⅲ参照）が名物。小鉢の数は季節によるそうですが、常時20~40品の小鉢が卓をにぎわします。

今や宿の名物となった小鉢料理。そもそもこのスタイルで提供するきっかけとなったのが、宿の女将さんが旅行をしたときに、その土地の名物や旬のもの、郷土料理が食べたいけど、限られた胃袋であれもこれも食べられないのが残念だと感じたことでした。その経験から、「せっかく来ていただいたのだから、少しずつあれやこれやと食べてほしい」とのことで、小鉢を買い集めてこのスタイルになったそうです。

ほかの宿でもありそうでない、このスタイルでの食事提供。ずらりと並べられた小鉢たちに盛られた野菜は自家菜園で、きのこ類は地元の山でとれたもの。旬の味覚はどれも本当に味わい深くて絶品でした。

私が訪れた日はむかご、ごぼうのニシン和え、野沢菜、なまこ、むきたけ、タコのやわらか煮、さつま芋の茎《くき》の胡麻和《ごまあ》え、みずこぶ、天然鮑《あわび》の肝のリゾットがけ、栗の渋皮煮……などが豆皿よりも小さい皿にのせられ、それを仲居さんが一つひとつ丁寧に説明してくださいました。

「青葉旅館」はひとり泊も受けていますが、松茸の季節は予約が困難になるので、早めに旅の計画を練るほうがよさそうです。

おわりに

やはり、ひとり温泉旅はいいことづくし。魅力で溢れています。

全国各地、いろいろな場所に出かけると、その土地ならではのローカルルールや食文化に触れることができます。そして、未知の日常をのぞいてみることで、いろいろな生き方があることを知り、素敵な方と出会い会話したことで、学びや気づきを得ることもありました。

ひとり温泉旅は、ただの「ひとり旅」ではありません。

それは、忙しい日々の中で見失いがちな自分自身と、改めてじっくり向き合うための贅沢な時間だと思っています。誰にも気を遣うことなく自分のペースで過ごし、じっくり温泉を味わい尽くしながら、心身の健康を取り戻すことができる……。

旅の中で得た静かなひとときは、きっと日常に戻った後も心にじんわりと温かさを残してくれるはずです。

どこかに向かう旅ではなく、自分の心に帰る旅。それが、ひとり温泉旅なのかもしれません。もし、この本がその一歩を踏み出すきっかけとなれたら、私はこれ以上の喜びはありません。

「おわりに」の後に、私が必ず持っていくものや温泉用語、最低限の温泉マナーについてまとめてみました。

これらを参考にして、ぜひ、ひとり温泉旅に挑戦してみていただきたいと思います。きっと、新しい自分に出会うことができるはずです。

最後までお読みいただき、ありがとうございました。

植竹深雪

ひとり温泉旅に必要な持ち物リスト

【必須アイテム】

□ハンドタオル、手ぬぐい
□下着
□エコバッグ　ミニバッグ　ビニール袋
□本
□現金
□モバイルバッテリーと充電ケーブル
□スキンケア・ヘアケアアイテム

【あったら安心・便利なアイテム】

□スパバッグ
□ミントスプレー　虫よけ・虫さされ薬

□アロマオイルなど（安眠やリラックスできるもの）

【行く前に確認するべきこと】

◆浴衣やタオルの有無

↓コスパのいい湯宿は特に、浴衣やタオルを有料としているのでご注意を。

◆現地支払いの場合、「現金のみ」か「カードや電子決済が使える」かどうかを確かめ、現金（特に小銭）を必ず持っていく

↓電車移動の場合、地方によっては交通系ＩＣカードを使えないところもある。ＱＲコード決済も地方の温泉地では使えないことが多い。

◆宿周辺の施設を確認しておく

↓どこにでもコンビニがすぐ近くにあるわけではありません。

温泉愛好家がよく使う用語一覧

アル単	アルカリ性単純温泉の湯
のみ不可	日帰り入浴ができない、宿泊のみの宿
独泉	温泉の浴槽をひとりじめする状態のこと
MTMM	無色透明無味無臭
ジカ泉	自家源泉
ジモ専	地元住民のための温泉
アブラ臭	石油臭
野湯	自然の中で自噴している温泉。開放的で自然の形に近い温泉
未《み》湯《とう》	まだその温泉に浸かったことがないこと
トド寝	浴室の床に寝そべり、湯船から溢れ出たこぼれ湯を浴びること
ワニ	女性の身体をジロジロ見ることを目的に混浴温泉にいる人

最低限の温泉マナー

・温泉に入る前には、入念に「かけ湯」を行なうこと
・温泉にはいわゆる上手と下手がある（上手＝湯口、下手＝湯尻）。はじめは湯尻から入浴すること
・手ぬぐいは温泉の湯の中に入れないようにすること
・香りが強すぎるシャンプー類は避けたほうがベター
・浴槽の中で、湯口から出た湯を直接手に取って顔を洗わないこと（湯桶にくんだ湯で洗うようにしたい）

＊みんなが気持ちよく同時に使うもの、共有するものということを忘れずに温泉を楽しみましょう！

本書は、本文庫のために書き下ろされたものです。

知的生きかた文庫

おとな「ひとり温泉旅《おんせんたび》」のススメ

著　者　植竹深雪（うえたけ・みゆき）
発行者　押鐘太陽
発行所　株式会社三笠書房
〒102-0072　東京都千代田区飯田橋3-3-1
https://www.mikasashobo.co.jp
印　刷　誠宏印刷
製　本　若林製本工場

ISBN978-4-8379-8902-8 C0130

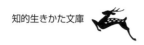

知的生きかた文庫

仕事も人間関係もうまくいく放っておく力

枡野俊明

いちいち気にしない。反応しない。関わらない——。わずらわしいことを最小限に抑えて、人生をより楽しく、快適に、健やかに生きるための、99のヒント。

気にしない練習

名取芳彦

「気にしない人」になるには、ちょっとした練習が必要。仏教的な視点から、うつうつ、イライラ、クヨクヨを〝放念する〟心のトレーニング法を紹介します。

人生うまくいく人の感情リセット術

樺沢紫苑

この1冊で、世の中の「悩みの9割」が解決できる！　大人気の精神科医が教える、心がみるみる前向きになり、一瞬で「気持ち」を変えられる法。

されど日記で人生は変わる

今村暁

時間はたったの1分、書くことはたったの5つ——それだけで、あなたの思考、習慣、行動が好転する！「能力開発」「習慣教育」のプロが教える、もっともシンプルかつ強力な「自己改革メソッド」。

渋沢栄一 うまくいく人の考え方

渋沢栄一［著］
竹内均［編・解説］

日本近代経済の父といわれた渋沢栄一による、中国古典『論語』の人生への活かし方。名著『実験論語処世談』が現代語訳でよみがえる！　ドラッカーも絶賛の渋沢哲学!!

C50491

はじめに

健康で長生きしたい――誰もが思っている願いのひとつです。

私は管理栄養士として、患者様の「健康で長生きしたい」という思いに向き合ってきました。

「医食同源」という諺《ことわざ》通り、食事は健康を維持し、病気を防ぐことに直結する行為です。

食事を健康に対する投資と考えると管理栄養士は、いわば健康に対するコンサルタントです。

また、糖尿病、高血圧症、脂質異常症といった中高年に多い生活習慣病に関してはそれぞれに研究学会があり、治療に効果的な食事のガイドラインが発表されています。

それに基づき、患者様へわかりやすく説明・指導することが、私たち管理栄養士の仕事です。

ただ、現代の日本では本当に正しい食事のあり方が広く知られていないのが現状です。一時的に流行はしたものの、医学的に間違った食事法、健康法も多くあります。

それを実践した結果、かえって体を壊し、寿命を縮めてしまっていることもあり得るはずです。

テレビや雑誌に加え、インターネットでも様々な情報が飛び交っている昨今、「健康」についての情報も例外ではありません。その情報量は膨大ですが、残念ながらすべてが正しいとはいえません。

間違った情報を手にした結果、かえって体を壊してしまうこともあり得ます。何を信じていいのか、本当に正しいのかと翻弄されている方も多いのではないでしょうか。

そんな現代社会で、自分の体を守るために必要なことが「ヘルスリテラシー」

なのです。

ごく簡単にいえば、健康にかかわる情報を入手し理解すること、精査したうえで正しいかどうかを判断すること、さらに正しい情報を的確に実行し、自分の体をよりよく保つために活用する能力のことです。

ヘルスリテラシーが十分でないと健康を保つことが難しいばかりか、万が一、病気になったときに治療のタイミングさえ見誤り、寿命を縮めてしまう恐れが極めて高くなります。

1970年代からヘルスリテラシーと寿命についての研究を続けているアメリカ合衆国保健教育福祉省によれば、経済的に豊かな層ほどヘルスリテラシーが高く、貧困層が多い地域ほどそれが低く、それぞれの寿命に直結するという結果が出ています。

今では世界的にも経済力とヘルスリテラシー能力が比例し、寿命に直結することが「健康格差」として問題視されています。

もちろん、日本も例外ではありません。

所得差や地域差によって受けられる医療に大きな差が出る「医療格差」、介護や病気などのトラブルをきっかけに老後の貧困に苦しむ「下流老人」なる言葉も生まれ、日本人すべてが余裕のある生活ができるとは限らなくなりました。当然、そこには健康格差が生まれ、所得や地域によって寿命に大きな差が出てくるのではないかといわれています。

ただ、あらゆる格差が広がったとはいえ、日本は他の国の貧困地域に比べれば恵まれています。

たとえば、どこに住んでいても、それほどお金をかけなくても、きちんと健康を維持して寿命を延ばすための食事をとることができます。

ヘルスリテラシーを身につけ、正しい知識のもとで食事をすれば、誰でも健康になれるのです。

本書では、誰でも簡単に、しかもそれほどお金をかけずに健康になれる食事とライフスタイルを提案します。特別なサプリメントや入手困難な食品は一切、出てきません。